RECETAS DE

2 IN 1

100 DELICIOSAS RECETAS DE PATATAS QUE SON SENCILLAS DE PREPARAR

XIMEN PELAEZ, FABRICIO
VAQUERA

Tabla de contenido

4

EL LIBRO DE RECETAS DE PATATAS

50 RECETAS DE PATATA FÁCILES Y DELICIOSAS

XIMEN PELAEZ

INTRODUCCIÓN

Las papas contienen cantidades significativamente menores de carbohidratos que otros alimentos como el pan o la pasta. También produce mayor saciedad.

En principio, debes saber que existen varios mitos sobre la papa. Entre las más comunes está que es un alimento que te hará subir de peso porque está compuesto principalmente por azúcares.

Las papas contienen carbohidratos complejos, que se absorben más lentamente, lo que resulta en un aumento más gradual del azúcar en sangre. También ayuda a mejorar el tránsito intestinal aportando fibra.

La papa o papa es una clase de planta herbácea que pertenece a la familia de las solanáceas. Existen innumerables mitos sobre este tubérculo; entre ellos, no aporta ningún nutriente esencial al organismo.

Aunque muchos dan crédito a la dieta de la papa por ayudarlos a perder muchos kilos, ningún estudio científico respalda estas afirmaciones.

En base a todo esto, podemos decir que la dieta de la papa promete una rápida pérdida de peso al consumir mayoritariamente papa, durante la duración de la dieta, que no debe exceder los catorce días. Aunque estas afirmaciones aún no han sido confirmadas científicamente.

Se supone que la pérdida de peso en esta dieta se debe a que el consumo de calorías durante la duración de esta dieta es muy bajo. Entre autres, parce que manger de 0,9 à 2,3 grammes de pommes de terre par jour, bien que cela semble beaucoup, équivaut à seulement 530 à 1 300 calories, bien moins que l'apport minimum qu'un adulte devrait consommer por día.

Posibles ventajas y desventajas de esta dieta.

Hay muchas razones para criticar la dieta de la papa, pero tiene algunos beneficios potenciales:

1. Las patatas son muy nutritivas. Son una excelente fuente de muchas vitaminas y minerales esenciales, como vitamina C, potasio, ácido fólico y hierro. No es complicado. Aunque restrictiva, la dieta de la papa es bastante sencilla y fácil de hacer. Basta con consumir patatas durante tres, cinco o catorce días.
2. Es accesible para cualquier bolsillo. Las patatas son uno de los alimentos más baratos

disponibles. Tiene un alto contenido de fibra, ayuda a la función intestinal y puede prevenir la obesidad, las enfermedades cardíacas y la diabetes tipo 2.

3. A pesar de estos beneficios, la papa no aporta todos los nutrientes necesarios, la dieta debe ser variada para ser saludable. Existen otros posibles inconvenientes porque la papa es el único ingrediente de la dieta.

1. Patatas con requesón

- Tiempo de cocción de 15 a 30 min.
- Porciones: 4

Ingredientes

- 1 kg de patatas
- 500 g de requesón
- 100 ml de crema agria
- Ajo
- Manteca
- sal
- 1 manojo de hierbas frescas

preparación

1. Para las patatas cuajadas, primero lava bien las patatas y córtalas por la mitad. En un cazo poner agua, sal y cocer las patatas con piel.
2. Mezcle el requesón con crema agria y hierbas frescas. Pica finamente el ajo. Calentar la mantequilla en la sartén y sofreír brevemente el ajo. Mezclar el ajo en la masa.
3. Coloca las patatas cocidas en un plato (las patatas quedan con la piel) y sírvelas con la mezcla de cuajada de queso.

2. Papas al horno

- Tiempo de cocción 30 a 60 min.
- Porciones: 4

Ingredientes

- 500g de patatas
- 125 g de tocino (ahumado)
- Grasa para freír
- 2 cucharadas de mantequilla
- 1/2 taza (s) de crema batida
- 1/2 taza (s) de cerveza light
- 1 pieza de huevo
- sal
- pimienta
- Migas de pan
- Hojuelas de mantequilla
- aros de cebolla

preparación

1. Pelar las patatas y cortarlas en rodajas de 0,5 cm de grosor; Cortar el tocino en rodajas finas y dorarlas en un poco de grasa para freír. Unte la mantequilla en una fuente para hornear, luego agregue capas de papas y tocino; Montar la nata montada, la cerveza, el huevo, la sal y la pimienta y verter sobre las patatas. Espolvoree con pan rallado, hojuelas de mantequilla y posiblemente aros de cebolla y hornee por unos 30 minutos.

3. Szeged gulyas con patatas

- Tiempo de cocción 30 a 60 min.
- Porciones: 4

Ingredientes

- 500g de chucrut
- 500 g de cerdo (solomillo de cerdo)
- 2 cebollas (medianas o 1 porción de cebollas asadas)
- sal
- pimienta
- pimenton
- 1 cucharada de pasta de tomate
- Ajo
- Carvi
- 1 taza de crema agria
- 500g de patatas

preparación

1. Picar la cebolla y dorarla en un poco de aceite en una sartén, cortar los pulmones asados en cubos. Combine el chucrut con la carne picada y la cebolla asada en un recipiente cerrado y sazone con sal, pimienta, pimentón, pasta de tomate, ajo machacado y semillas de alcaravea picadas.
2. Pelar y cortar las patatas en cuartos. Cocine en un bol perforado.

4. Pollo estofado con patatas

- Tiempo de cocción Más de 60 min.
- Porciones: 4

Ingredientes

- 1 pollo (orgánico, entero, aprox.1 kg)
- 1 bulbo (s) de ajo
- 6 patatas baby
- 10 ramitas de tomillo
- 200 ml de sopa de pollo
- 150 ml de vino blanco
- 2 chalotes
- 1 limón (orgánico)
- 2 cucharadas de mantequilla

preparación

1. Para el pollo braseado, precalentar el horno a 160 ° C, cortar las patatas y el ajo por la mitad y cortar el limón en rodajas.
2. Colocar la pechuga de pollo en una fuente refractaria (o en una fuente refractaria con tapa adecuada), agregar el resto de los ingredientes así como el vino y la sopa.
3. Sazone el pollo con sal y pimienta, cubra y cocine a fuego lento durante unos 60 minutos, luego retire la tapa y fríalo por otros 10-15 minutos.
4. Saca el pollo estofado de la sartén y sírvelo con las patatas y la salsa.

5. Patatas de comino negro con raita de menta

- Tiempo de cocción 30 a 60 min.
- Porciones: 4

Ingredientes

- 500 g de patatas (cerosas)
- 2 cucharadas de ghee
- 2 cucharadas de aceite de oliva
- sal
- 2 cucharadas de comino negro
- 1 manojo de menta (fresca)
- 1 cucharadita de semillas de fenogreco
- 200 ml de yogur natural
- sal
- pimienta

preparación

1. Para las patatas de comino negro, córtalas en rodajas. Derretir el ghee en una cacerola pequeña, mezclar con aceite de oliva y sal.
2. Coloque las papas en una bandeja para hornear y cepille con la mezcla de ghee, aceite y sal. Espolvorear con comino negro y hornear a 200 grados durante unos 30 minutos hasta que se doren.
3. Pincha las rodajas más gruesas con un tenedor para ver si ya están blandas. Mientras las papas están en el horno, pique finamente la menta, muela las semillas de fenogreco en un molinillo de especias (funciona más rápido) o en un mortero.
4. Para la raita, mezcle el yogur, la menta y la alholva hasta que quede suave, sazone con sal y pimienta. Sirve las patatas al comino negro con la raita de menta.

6. La papa en el baño de belleza

- Tiempo de cocción de 15 a 30 min.
- Porciones: 4

Ingredientes

- 1 kg de patatas (sobras del día anterior)
- 200 g de pepinillos (agridulces)
- 3 cucharadas de crema
- 60 g de mantequilla
- 40 gramos de harina
- 3/4 l de leche
- 2 cucharaditas de sopa en polvo
- sal
- pimienta

preparación

1. Para las papas en el baño de belleza, derrita la mantequilla en un cazo, agregue la harina, revolviendo constantemente y a fuego lento. Luego agregue la leche con la batidora y cocine a fuego lento hasta que esté suave y tersa. Condimente con sopa en polvo, sal y pimienta, agregue crema y sazone con agua de pepinillos en escabeche.
2. Pero tenga cuidado de no enojarse demasiado. Corta el pepino y las patatas en rodajas pequeñas. Luego cocine a fuego lento durante unos minutos en la salsa bechamel y finalmente sazone con pimienta.

7. Bálsamo de patata para el alma

- Tiempo de cocción de 15 a 30 min.
- Porciones: 4

Ingredientes

- 2 aguacates (muy maduros)
- 4 cucharadas de Aceto Balsamico Bianco
- 3 cucharadas de helado aceto balsámico
- 2 dientes de ajo
- sal
- Puré de patatas:
- 4 patatas (grandes, harinosas)
- un poco de leche
- 1 pieza de mantequilla
- La sal
- aceite de oliva

preparación

1. Para el puré de papas, hierva las papas con la piel hasta que estén tiernas, pélelas y tritúrelas con una batidora de mano. Agrega la leche caliente, la mantequilla y la sal. Pelar los aguacates, cortarlos por la mitad, cortarlos a lo largo en rodajas finas y distribuirlos en platos.

2. Exprime el ajo y espárcelo sobre el aguacate. Marine con vinagre y sal. Agregue una cucharada grande de puré de papas y rocíe con aceite de oliva.

8 huevos de patata al horno

- Tiempo de cocción de 5 a 15 min.
- Porciones: 4

Ingredientes

- 2 papas al horno (grandes)
- 40 g de mantequilla
- 4 huevos
- sal
- pimienta
- Cebollino (para decorar)

preparación

1. Para las huevas de papa al horno, cocine las papas con piel hasta que estén tiernas y

partidas por la mitad. Saque las papas cortadas por la mitad con una cucharadita, sazone con sal y pimienta.

2. Agrega la mantequilla y desliza un huevo en cada mitad.

3. Coloca las patatas rellenas en el horno precalentado a 200 ° C durante 10 minutos.

4. Retirar los huevos de papa del horno, decorar con cebollino y servir.

9 sartén de patatas

- Tiempo de cocción 30 a 60 min.
- Porciones: 4

Ingredientes

- 5 dientes de ajo (grandes)
- 1 ramita (s) de romero (grande)
- 1,5 kg de patatas baby
- sal
- pimienta
- 7 cucharadas de aceite de oliva
- 250 g de aceitunas (negras, con hueso)
- 1/8 l de vino blanco (seco)

preparación

1. Para el plato de patatas, pelar y picar el ajo en trozos grandes, arrancar la ramita de romero y pelar las patatas baby crudas.

Coloca las patatas peladas en una fuente para horno de modo que cubran el fondo.

2. Luego sal y pimienta, espolvorea con ajo y romero, coloca la rama restante encima y espolvorea con aceite de oliva. Luego colocar en un horno precalentado a 200 ° C durante 30 minutos.

3. Agregue las aceitunas y el vino blanco y deslice por el tubo durante otros 10 minutos.

4. Úselo inmediatamente.

10. Crema fina de patatas y peras gratinadas

- Tiempo de cocción Más de 60 min.
- Porciones: 4

Ingredientes

Para gratinar patatas y peras Cremefine:

- 800g de patatas
- 1 pera
- 250 ml de Rama Cremefine para cocinar
- Sal pimienta

Delicioso complemento:

- 1 diente de ajo
- 80 g de queso (rallado)

preparación

1. Para gratinar las patatas y las peras, pelar las patatas y cortarlas en rodajas finas. Coloque

la cazuela en filas como un abanico. Sazone bien con sal y pimienta al gusto.

2. Precalentar el horno a 200 ° C (gas: nivel 3, convección: 180 ° C). Cortar en cuatro, quitar las semillas, pelar y rebanar la pera. Colócalas bien distribuidas entre las rodajas de patata.

3. Vierta encima la Crémefine y ponga la patata y la pera gratinada K en el horno precalentado durante unos 50 minutos.

4. Va muy bien con: Machacar el diente de ajo o cortarlo finamente y mezclar con la Cremefine. Queso rallado, por ejemplo B. Emmentaler, espolvorear sobre el gratinado y hornear en el horno.

11. Papas al horno con ensalada de arenque

- Tiempo de cocción Más de 60 min.
- Porciones: 4

Ingredientes

Para las patatas:

- Aceite vegetal (para cepillar)
- 4 patatas (grandes, en su mayoría cerosas, aprox.250 g cada una)
- sal
- Pimienta (del molino)

Para la ensalada de arenques:

- 6 filetes dobles

- 1 cebolla (grande, dulce)
- 2 manzanas (rojas)
- 120 g de crema agria
- 80 g de yogur
- 60 g de mayonesa
- 1-2 cucharadas de vinagre de sidra de manzana
- 1 chorrito de jugo de limón
- sal
- 1 pizca de azucar
- Pimienta (del molino)
- Eneldo (recién picado, para decorar)

preparación

1. Para las papas al horno con ensalada de arenque, primero precaliente el horno a 200 ° C a fuego superior e inferior. Cepille 4 pedazos de papel de aluminio con aceite.
2. Pique las patatas varias veces con un tenedor, sazone con sal y pimienta y envuélvalas cada vez con papel de aluminio. Coloque las papas al horno en una bandeja para hornear y hornee durante aproximadamente 1 hora hasta que estén tiernas.
3. Seque los filetes de arenque y córtelos en trozos pequeños. Pelar la cebolla, cortarla en ocho y cortarla en tiras finas. Lavar y cortar las manzanas en cuartos y quitarles el

corazón. Corta los cuartos por la mitad a lo largo y córtalos en trozos.

4. Mezcle la crema agria con yogur, mayonesa, vinagre y jugo de limón hasta que quede suave. Sazone el aderezo con sal, azúcar y pimienta. Combine todos los ingredientes para la ensalada preparada y sazone la ensalada de arenque al gusto.

5. Retirar las patatas, envolverlas en papel de aluminio, cortarlas en cruz, separarlas un poco y dejar que se evaporen brevemente. Vierta la ensalada de arenque, muela ligeramente con pimienta y sirva papas al horno con una ensalada de arenque espolvoreada con eneldo.

12. Filetes de matjes con patatas nuevas y brunch

- Tiempo de cocción 30 a 60 min.
- Porciones: 4

Ingredientes

- 800g de patatas
- sal
- 1 pieza de huevo
- 1 manojo de rábanos
- 1 manojo de cebolletas
- 200 g Brunch clásico
- 50 ml de leche
- 2 cucharadas de jugo de limón
- Pimienta (recién molida)
- 8 filetes de matje

preparación

1. Lavar las patatas y cocinarlas en agua con sal durante unos 25 minutos. Hervir el huevo duro durante unos 10 minutos. Lavar y limpiar los rábanos y cortarlos en palitos finos. Lavar las cebolletas, secarlas y cortarlas en rollitos.

2. Pelar el huevo, cortarlo en cubos pequeños y mezclarlo con el brunch, los rábanos, el cebollino, la leche y el zumo de limón. Sirve con filetes de arenque y patatas.

13. Pescado a las hierbas con verduras de patata y calabacín

- Tiempo de cocción 30 a 60 min.

Ingredientes

Verduras de patata y calabacín:

- 400 g de patatas pequeñas con grasa
- 1 pieza de calabacín (unos 200 g)
- Sal pimienta
- 2 ramitas de tomillo
- 2 cucharaditas de aceite de oliva
- Papel de aluminio

Pescado con hierbas:

- 2 habitaciones. filetes magros de pescado (bacalao, carbonero)

- 2 cucharadas de jugo de limón
- Sal pimienta
- 1 cucharadita de ralladura de limón (sin tratar)
- Hierbas (a voluntad)
- Papel de aluminio

preparación

1. Precalienta el horno a 180 ° C.
2. Para las verduras de patata y calabacín, lave y cepille las patatas. Pre-cocine en una vaporera durante unos 15 minutos, pele y corte en trozos grandes. Corta el calabacín en rodajas finas.
3. Coloque dos trozos de papel de aluminio encima, distribuya las rodajas Además de esto, necesita saber más al respecto.patatas y calabacín en el medio, sazonar con sal y pimienta, poner una ramita de tomillo en cada uno y rociar con aceite de oliva. Selle el paquete de aluminio herméticamente.
4. Para el pescado con hierbas, coloque un filete de pescado sazonado con jugo de limón, sal y pimienta en dos pedazos más de papel de aluminio, espolvoree con ralladura de limón y hierbas. Cierre bien el embalaje.

5. Coloque las cuatro bolsas de papel de aluminio en una bandeja para hornear y hornee en un horno precalentado durante unos 20 minutos.
6. A continuación, abra, sirva el pescado a las hierbas con las verduras de patata y calabacín.

14. Filete de salmón con espárragos y verduras

- Tiempo de cocción Más de 60 min.
- Porciones: 4

Ingredientes

- 500 g de espárragos (blancos)
- 2 calabacines (pequeños)
- 1 puerro (pequeño)
- 600 g de salmón en rodajas

- 500g de patatas

preparación

1. Pelar las patatas, cortar las verduras en trozos no demasiado pequeños, salar el salmón y espolvorear con zumo de limón.
2. Coloca las patatas en un bol perforado. Coloca las verduras por separado en un bol perforado y también coloca los filetes de salmón en su propio bol perforado ligeramente engrasado.
3. Primero ponga las patatas en la vaporera. Ajuste de cocción de verduras a 100 ° C durante 30 minutos.
4. Pasados los 20 minutos, poner los espárragos y el puerro en la vaporera, luego agregar el salmón y el calabacín durante los últimos 5 minutos.

15. Salmón de primavera de la vaporera

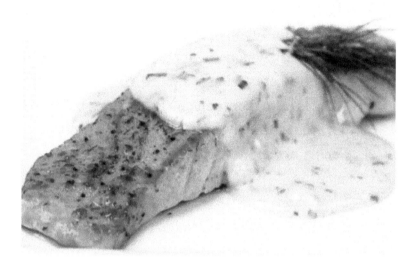

- Tiempo de cocción de 15 a 30 min.
- Porciones: 4

Ingredientes

- 1 manojo de cebolletas
- 500 g de filetes de pescado (salmón Iglo TK)
- sal
- pimienta
- eneldo
- 1 limón
- 250 ml de nata montada
- 3 huevos
- 2 patatas (pequeñas)
- tomates, cerezas

preparación

1. Picar las cebollas nuevas y dorarlas un poco. Unte en un tazón grande sin perforar.
2. Cortar el salmón en aprox. cubos de 1 cm y esparcir sobre ellos.
3. Batir la nata montada con los huevos, rallar las patatas, sazonar y esparcir sobre el salmón.
4. Cocine al vapor a 100 grados durante unos 20 minutos.
5. Sirva con tomates cherry cortados por la mitad y una salsa de eneldo (eneldo, sal, crema agria).

16. Salmón sobre lecho de verduras

- Tiempo de cocción 30 a 60 min.
- Porciones: 4

Ingredientes

- 400g de zanahorias
- 200g de calabacín
- 4 habitaciones. Cebollas de primavera
- 600g de patatas
- sal
- pimienta
- 600 g de filete de salmón (preferiblemente salmón salvaje)
- un poco de jugo de limón
- Rodajas de limón (para decorar)

preparación

1. Para el salmón en lecho de verduras, pelar las patatas, lavar las zanahorias y los calabacines y cortarlos en trozos no demasiado pequeños. Pelar las cebolletas y cortarlas en tiras. Coloca las patatas en un bol perforado.
2. Coloque las verduras en otro recipiente de cocción perforado y sazone con S&P. Sazone el filete de pescado, rocíe con jugo de limón y colóquelo también en su propio bol perforado ligeramente engrasado.
3. Primero, cuece las patatas al vapor durante 30 minutos. Pasados 18 minutos, poner el salmón en la vaporera, bajar la temperatura a 85 ° C. Cocine las verduras al vapor durante los últimos 6 minutos.
4. Sal las patatas al gusto. Coloca las patatas y las verduras en platos, coloca las rodajas de salmón sobre las verduras. Sirva adornado con una rodaja de limón.

17. Ensalada de arenques con granada

- Tiempo de cocción Más de 60 min.
- Porciones: 4

Ingredientes

- 8 piezas de filetes de arenque
- 1 manzana (por ejemplo: Boskop)
- 200 g de patatas (cocidas)
- 3 cucharadas de vinagre
- 1 cucharadita de azucar
- 4 cucharadas de mayonesa
- 250 g de crema agria
- pimienta
- sal
- 1 cebolla (pequeña, picada)
- 1 granada

preparación

1. Para la ensalada de arenque con granada, filetes de arenque deshuesados y secos. Corta los filetes en cubos pequeños.
2. Pelar y cortar en dados la manzana hervida y las patatas.
3. Enrolla la granada sobre una superficie firme con un poco de presión, luego córtala y retira las semillas de granada.
4. Batir la mayonesa con la crema agria, el vinagre, el azúcar, la pimienta y la sal. Pelar y picar finamente la cebolla y agregarla a la salsa.
5. Agregue el arenque, los trozos de manzana, las papas y las semillas de granada a la mezcla de crema agria.
6. Deje reposar la ensalada de granada y arenque durante aproximadamente 1 hora, luego sirva.

18. Char con puré de coco y ajo silvestre

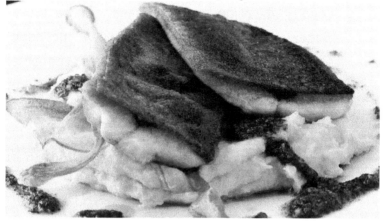

- Tiempo de cocción 30 a 60 min.

Ingredientes

- 4 piezas de carbón
- 400 g de patatas harinosas
- 5 g de ajo silvestre
- 150 ml de leche de coco
- 3 cucharadas de aceite
- 1 cucharada de aceite de sésamo para freír
- Nuez moscada
- sal

preparación

1. Hervir las patatas en agua con sal hasta que estén tiernas, pelarlas aún calientes, pasarlas por la prensa de patatas y colocarlas en un bol. Lavar los ajetes, triturar con 3 cucharadas de

aceite y mezclar las patatas con la leche de coco y mezclar todo bien con la batidora. Sazone al gusto con sal y nuez moscada. Calentar una sartén antiadherente, verter el aceite de sésamo y dorar los filetes de pescado sazonados con sal y pimienta por ambos lados durante unos 2 minutos. Coloque el puré en platos, los filetes de pescado al lado o encima.

19.Gröstl de bagre ahumado

- Tiempo de cocción 30 a 60 min.
- Porciones: 2

Ingredientes

- 300 g de coliflor (coliflor)
- 20 g de mantequilla líquida de frutos secos
- 10 g de yogur
- 20 ml de vinagre balsámico añejo
- Sal marina, pimienta recién molida
- 3 patatas
- 1 cucharada de aceite de maní
- 240 g de bagre de río ahumado
- sal

preparación

1. Cocine la mitad de la coliflor hasta que esté tierna y triturada con la mantequilla de nueces, el yogur y el vinagre balsámico, sazone y mantenga caliente.
2. Divida el resto de la coliflor en floretes y cocine hasta que esté al dente. Cortar las patatas en cubos y cocinar. Freír las cogollos de coliflor y los dados de patata en aceite de cacahuete.
3. Corte el filete de bagre en cubos, colóquelo en un plato, sazone con sal, envuélvalo en papel de aluminio resistente al calor y cocine a fuego lento a aprox. 90 ° C durante 10 minutos. Sirva con puré de coliflor y Gröstl y rocíe con una emulsión de mantequilla de nueces balsámicas.

20. Carpa en pasta de cerveza oscura con ensalada de papa verde

- Tiempo de cocción de 15 a 30 min.

Ingredientes

- 4 piezas de filetes de carpa
- sal
- comino
- Zumo de limón
- 1/4 l de cerveza negra
- 2 piezas de yemas de huevo
- 250g de harina

Para la ensalada de patatas:

- Patatas
- Pesto de ajo silvestre (o pesto de albahaca)
- Cohete
- crema agria
- el vinagre
- petróleo
- sal

preparación

1. Para la ensalada de patatas, hervir y pelar las patatas, cortarlas en trozos pequeños. Combine pesto, crema, vinagre, aceite y sal para formar una marinada cremosa.

2. Cortar el filete de carpa en tiras y sazonar con sal, pimienta, comino y jugo de limón.
3. Mezclar la yema de huevo, la harina y la cerveza negra en una masa, pasar los filetes de pescado por la masa y freírlos en grasa caliente.
4. Colocar la rúcula en platos, cubrir con la ensalada de papa verde y cubrir con los filetes de carpa y servir.

21 Carne picada con puré de patatas

- Tiempo de cocción Más de 60 min.
- Porciones: 2

Ingredientes

- 6 tomates
- 6 chalotes
- 1 diente de ajo
- Aceite para freír)
- 500 g de carne picada
- sal
- Pimienta (del molino)

Para el puré de papas:

- 800g de patatas
- 350 ml de leche
- 80 g de mantequilla (en copos)

- sal
- Pimienta blanca)
- 1 pizca de nuez moscada (molida)

preparación

1. Para la carne picada con puré de papas, primero pele las papas, córtelas en trozos grandes y cocínelas en agua con sal hasta que estén tiernas. Vierta y exprima. Calentar la leche y mezclar con las patatas. Incorpora la mantequilla. Condimentar con sal, pimienta y nuez moscada.
2. Escaldar los tomates y quitarles la piel. Corta la pulpa en cubos. Pelar y picar finamente las chalotas. Pelar y exprimir o picar finamente los ajos.
3. Calentar el aceite y dorar las chalotas y el ajo. Agrega la carne picada y dora bien. Agrega los tomates. Cocine a fuego lento durante aproximadamente media hora. Sazone al gusto con sal y pimienta. Haga puré si es necesario.
4. Sirve la carne picada con puré de papas.

22. Albóndigas

Ingredientes

Para la masa:

- 500g de patatas
- 10 g de mantequilla
- 30 g de sémola de trigo
- 120 g de harina (práctico)
- 1 pieza de huevo
- sal
- Nuez moscada

Para plenitud:

- 1 cucharada de aceite de girasol
- 100g de cebollas
- 200 g de carne picada (mixta)
- 1 cucharada de QimiQ
- sal

- Mostaza, pimienta
- Mejorana, ajo

preparación

1. Preparar la masa de patatas: pelar, cortar en cuartos y cocer las patatas al vapor. Presiona las papas sobre una tabla de hornear enharinada, esparce las hojuelas de mantequilla encima y amasa brevemente con el resto de los ingredientes para formar una masa.
2. Preparar la guarnición: picar finamente las cebollas, asarlas en aceite, agregar la carne picada, asar brevemente, espesar con QimiQ y sazonar.
3. Entrega agua.
4. Forme la masa en un rollo, córtela en rodajas, extienda el relleno por encima, forme bolas y selle bien.
5. Remoje las albóndigas en agua con sal durante unos 10 a 15 minutos.
6. Saca las albóndigas con una cuchara tamizada y sírvelas.

23. Espinaca con ternera hervida y patatas asadas

Ingredientes

- 1 paquete de espinacas congeladas
- 1 diente (s) de ajo (prensado)
- 6 patatas (unos 300 g, cocidas y picadas)
- 1 cebolla (cortada en trozos pequeños)
- un poco de aceite (para freír)
- sal
- 300 g de ternera (cocida, p. Ej., Charretera, tijeras magras)
- Pimienta (recién molida)

preparación

1. Descongela las espinacas y caliéntalas en un cazo.

2. Pelar y exprimir el diente de ajo y agregarlo a las espinacas, mezclar bien.
3. Sofreír la cebolla en el aceite, agregar las papas, sazonar con sal y pimienta y freír hasta que estén crujientes, volteando con frecuencia.
4. Corta la carne en rodajas.
5. Ponga las espinacas en el plato, coloque la carne encima, agregue las papas y sirva inmediatamente.

24. Cebolla asada con puré de papas

- Tiempo de cocción 30 a 60 min.

Ingredientes

- 500 g de patatas (enharinadas)
- 100 ml de leche
- 1 cebolla
- 2 rodajas de Beiried (200 g cada una)
- 150 ml de caldo de ternera
- 150 ml de vino tinto
- sal
- pimienta
- Nuez moscada
- pimenton
- Harina
- Manteca
- petróleo

preparación

1. Pelar las patatas, cortarlas en cuartos y hervirlas en agua con sal, luego escurrirlas y pasarlas por la prensa mientras aún estén calientes. Incorpora la leche caliente, 1 cucharada de mantequilla, sal y nuez moscada y mantén caliente el puré.
2. Cortar la cebolla en rodajas finas, sazonar con sal, pimienta y pimentón y espolvorear con harina, freír en aceite caliente hasta que se doren.
3. Sazone la carne con sal y pimienta y dore por ambos lados en una sartén en aceite, luego cocine a fuego lento durante unos minutos a fuego lento.
4. Saca la carne de la sartén y mantenla caliente. Desglasar el asado con el caldo y el vino tinto y reducir a la mitad.
5. Sirve la carne con el puré de papa y la cebolla, vierte la salsa por encima y sirve.

25. Bolitas de hígado y papa con lechuga

Ingredientes

- 350 g de hígado de ternera
- 350 g de patatas (cocidas)
- 2 huevos
- 100 g de harina
- 2 cucharadas de manteca de cerdo (o aceite)
- 120g de pan rallado
- 120 g de cebollas (finamente picadas)
- 2 dientes de ajo (finamente picados)
- 1/2 cucharada de mejorana (picada)
- sal
- pimienta
- 200 g de lechuga de cordero
- Vinagre (y aceite para marinar)
- Aceite para freír)

preparación

1. Picar en trozos grandes el hígado de ternera o picar muy fino. Presione las patatas cocidas en una prensa de manzana. Dorar la cebolla picada y el ajo en la grasa caliente, mezclar con el hígado, las patatas exprimidas y los huevos. Condimente con sal, pimienta y mejorana.

2. Combine la harina y el pan rallado en la mezcla. Vierta el aceite en una sartén de dedo alto y caliente. Use una cuchara para cortar las levas de la masa y cocínelas. Levantar y escurrir. Marinar la lechuga de cordero con vinagre, aceite y sal y servir con las albóndigas.

26. Sopa de verduras de raíz con patatas

- Tiempo de cocción de 15 a 30 min.

Ingredientes

- 250 g de zanahorias (amarillas)
- 250g de zanahorias
- 200 g de chirivía
- 5 patatas (pequeñas)
- Perejil (fresco)
- 1 cucharada de aceite de colza
- pimienta
- Cubitos de sopa de verduras

preparación

1. Para la sopa de tubérculos con patatas, pelar las zanahorias, las zanahorias amarillas y las chirivías, cortarlas en rodajas o en dados. Asar en aceite de colza, verter agua y dejar hervir.
2. Un cuarto de hora después agregue las papas y cocine todo junto hasta que estén tiernas. Sazone al gusto con la pimienta y el condimento para sopa de verduras. Al final, agregue el perejil lavado y picado.
3. Sirve la sopa de tubérculos con patata.

27. Sopa de patatas y champiñones

Ingredientes

- 4 patatas (unos 500 g)
- 3 zanahorias (unos 300 g)
- 150 g de apio nabo
- 2 piezas de cebollas
- 150g de setas
- 250 ml de nata montada
- 1 l de sopa de verduras
- 2 cucharadas de harina
- 1 cucharada de salsa de soja
- Mejorana
- apio
- Sabroso
- Carvi
- Nuez moscada
- Semillas Fechel
- pimienta

- sal
- 1 manojo de cebolletas
- 1/2 manojo de perejil
- 6 cucharaditas de crema de rábano picante (agregue 1 cucharadita por porción)

preparación

1. Para la sopa de papas y champiñones, corte las cebollas en cubos muy pequeños y saltee hasta que estén doradas. Corta los champiñones en dados y agrégalos a las cebollas.
2. Cortar en dados las patatas, la zanahoria y el apio, añadir y sofreír brevemente. Agrega la harina y sofríe brevemente. Vierta la sopa encima, sazone con mejorana, apio, ajedrea, semillas de alcaravea, nuez moscada, semillas de hinojo, sal y pimienta.
3. Deje hervir brevemente, agregue la crema batida, luego deje reposar en el nivel más bajo hasta que las verduras estén bien cocidas.
4. Agrega el cebollino y el perejil, sazona bien y sirve la sopa de papa y champiñones con el rábano picante.

28. Sopa de patatas

- Tiempo de cocción de 15 a 30 min.

Ingredientes

- 450g de patatas
- 1 puerro (s)
- 200g de zanahorias
- 2 piezas de cebollas
- alrededor de. 150 g de apio nabo
- la sopa
- hojas de laurel
- Mejorana
- cebollín
- sal
- 1 cucharada de harina
- Sabroso
- apio
- perejil

- pimienta

preparación

1. Para la sopa de papa, cortar la cebolla en dados, picar las verduras en trozos grandes, sofreír las cebollas en una cacerola hasta que estén doradas, agregar el puerro y la harina y sofreír brevemente.
2. Agregue las verduras restantes y las hojas de laurel y vierta sobre la sopa. Cocine a fuego lento hasta que las patatas estén cocidas.
3. Ahora agregue la mejorana, ajedrea y apio y deje infundir. Antes de servir, agregue el cebollino y el perejil a la sopa de papa.

29. Sopa de patatas con rebozuelos

Ingredientes

- 1 pieza de cebolla
- Aceite de oliva (para estofar)
- 300g de patatas
- 400 ml de sopa de verduras
- 250 ml de soja
- 2 piezas de hojas de laurel
- 1 cucharadita de mejorana
- 1 cucharadita de jengibre (rallado)
- 150 g de rebozuelos
- sal
- Perejil (picado, para espolvorear)
- pimienta

preparación

1. Para la sopa de patatas, corta la cebolla en trozos pequeños. Pelar y cortar las patatas en dados, limpiar los rebozuelos y cortarlos en trozos más pequeños si es necesario.
2. Sofreír la cebolla en aceite de oliva hasta que esté transparente. Asa brevemente los cubos de papa, vierte la sopa de soja y cocina, agrega las especias y cocina a fuego lento durante 10 minutos hasta que las papas estén tiernas.
3. Mientras tanto, tueste brevemente los rebozuelos en aceite de oliva y añádalos a la sopa 3 minutos antes del final del hervor. Espolvorea la sopa con perejil antes de servir.

30. Sopa de patatas y col

Ingredientes

- 500g de patatas
- 3 cebollas
- 750 g de col blanca (en rodajas)
- 1 litro de sopa
- 500 g de tocino (magro)
- 3 cucharadas de semillas de alcaravea
- 1 cucharada de harina
- 1 cucharada de mantequilla
- 3 cucharadas de crema agria
- 1 cucharada de sal
- pimienta

preparación

1. Para la sopa de repollo y papa, saltee el repollo blanco rallado, las papas peladas y el tocino magro en cubos en la sopa hasta que estén tiernos. Sazone al gusto con sal, semillas de alcaravea y pimienta.
2. Antes de servir, dorar las cebollas finamente picadas en un poco de mantequilla, espolvorear con harina, mezclar con un poco de crema agria y agregar a la sopa de repollo y papa.

31. Sopa de papa con salchicha

Ingredientes

- 1 paquete de sopa verde Tk
- 800g de patatas
- 1 cebolla
- 30 g de mantequilla
- 750 ml de sopa de ternera ((instantánea))
- 125 ml de nata montada
- sal
- pimienta
- Pimentón (dulce noble)
- 4 salchichas
- 1 manojo de perejil

preparación

1. Descongele las verduras de la sopa. Pelar y enjuagar las patatas, cortarlas en cubos. Pelar

y picar la cebolla, dorarla en la mantequilla hasta que esté transparente. Agrega las papas y dora brevemente. Vierta la sopa clara, cocine todo junto durante 12-15 minutos.

2. Retire 1/3 de las papas, muela el resto en la sartén. Vuelva a colocar los trozos de papa restantes con las verduras descongeladas y la crema batida en la olla. Sopa 6-8 min.

3. Condimente con pimientos, sal y pimienta. Saltear las salchichas en agua caliente, retirarlas y escurrirlas. Cortar en rodajas pequeñas. En forma de sopa de patatas. Enjuague el perejil, agítelo para que se seque, píquelo finamente y espolvoréelo antes de servir.

32. sopa de crema de calabaza

Ingredientes

- 1 calabaza (Hokaido)
- 2 cebollas
- 2 dientes de ajo
- 5 patatas
- 1 l de sopa de verduras
- 250 ml de crema agria (o 200 ml de crema batida)
- Aceite de semilla de calabaza
- sal

preparación

1. Para la crema de calabaza, pica finamente la cebolla y el ajo. Corta la calabaza y la patata en trozos pequeños.
2. Calentar el aceite en una cacerola grande y rehogar ligeramente los trozos de cebolla y el ajo. Vierta sobre la sopa y deje hervir. Agregue la calabaza y los trozos de papa y cocine a fuego lento durante 20 minutos.
3. Haga puré la sopa después de los 20 minutos. Agregue bien la crema agria o la crema batida y sazone con sal.
4. Colocar en un plato hondo y decorar la crema de calabaza con aceite de pepitas de calabaza.

33. Sopa de papa con brochetas de tofu

Ingredientes

- 750 g de patatas
- 3 piezas. Cebollas
- 2 cucharadas de aceite de oliva
- 1 l de sopa de verduras
- 2 calabacines (pequeños)
- 200g de tofu
- 1 cucharada de ajonjolí
- sal
- 250 ml de soja (crema de cocción)
- 1 cucharada de mostaza
- Mejorana
- pimienta

preparación

1. Para la sopa de papa con brocheta de tofu, pelar y picar las papas y las cebollas. Calentar 1 cucharada de aceite en una cacerola y sofreír brevemente la cebolla.
2. Agregue las papas, desglasar con la sopa. Llevar a ebullición y cocinar durante 15 minutos. Corta el calabacín y el tofu en rodajas y pégalos alternativamente en brochetas de madera.
3. Fríe las brochetas en aceite caliente hasta que estén doradas dándoles la vuelta. Espolvoree con semillas de sésamo y sazone con sal y pimienta.
4. Hacer puré la sopa, mezclar la nata de cocción y la mostaza y agregar a la sopa, llevar a ebullición nuevamente. Condimentar con sal y pimienta.
5. Sirve sopa de papa con brochetas de tofu.

34. Sopa de patata alcalina

Ingredientes

- 500 ml de agua
- 1 cubo de sopa de verduras
- 1 pizca de acerola en polvo
- 8 patatas (medianas)
- 100 g de zanahorias (finamente ralladas)
- 1 puerro (puerro, palo)
- 1 kg de cebolla (finamente picada)
- 2 cucharadas de nata
- 1 cucharada de eneldo (fresco, finamente picado)
- 1 cucharada de mantequilla
- sal de mar
- 1 pizca de pimienta
- 1 pizca de pimentón molido

preparación

1. Para la sopa alcalina de papa, sofría la cebolla en la mantequilla hasta que esté transparente. Vierta agua sobre él.
2. Añadir las patatas y las verduras finamente picadas y poner todo a hervir.
3. Cocine a fuego lento durante 15 minutos y luego reduzca a un puré. Refina con crema y sazona con especias.
4. Espolvorea la parte superior con eneldo finamente picado.
5. Agregue el polvo de acerola justo antes de Servieren en la sopa básica de papa.

35. Guiso de frijoles

Ingredientes

- 3 kg de frijoles (frescos)
- 400 g de cordero
- 750 g de patatas
- 40 g de mantequilla
- 400 ml de agua
- Sabroso
- Pimienta molida)
- sal

preparación

1. Para el guiso de frijoles, corte la carne en cubos pequeños.

2. Pelar, lavar y cortar las patatas. Calentar la mantequilla, dar la vuelta a la carne y dorarla ligeramente, salpimentar.
3. Agregue el ajedrea, las patatas, los frijoles y el agua, cocine a fuego lento durante aprox. 1 1/2 horas. Sazone el guiso de frijoles con sal y pimienta y sirva caliente.

36. Rollitos de camote

Ingredientes

- 250 g de patatas (enharinadas)
- 250 g de harina de trigo (suave)
- 250 g de harina integral
- 1 paquete de levadura seca
- 80 g de azúcar
- 1 pieza de huevo
- 80 g de yogur (bajo en grasas)
- 1/8 l de leche desnatada (tibia o agua)

preparación

1. Cocine al vapor las patatas con piel durante unos 20 minutos. Pelar mientras está caliente

y presionar en una prensa de patatas. Deje enfriar un poco.

2. Mezclar la harina, la levadura en polvo, el azúcar, el huevo y el yogur. Vierta un poco de líquido. Al principio solo unos 100 ml y el resto solo cuando sea necesario. Amasar vigorosamente la masa con el robot de cocina durante unos 5 minutos.

3. Si es necesario, agregue un poco más de líquido para que la masa tenga una consistencia suave. Cubra y deje que la masa suba en un lugar cálido durante aprox. 45 - 30 minutos.

4. Luego forma 15 rollos y colócalos en una fuente de horno perforada, engrasada (o forrada con papel pergamino).

5. Deje reposar por otros 10 minutos. Cocine al vapor durante 45 minutos.

37. Espirales de patata en una brocheta

Ingredientes

- 4 patatas (grandes)
- 2 cucharadas de aceite
- 1 pizca de tomillo (seco, frotado)
- sal
- Pimienta (del molino)
- 4 brochetas de madera

preparación

1. Para las espirales de papa en la brocheta, primero precaliente el horno a 190 ° C de aire caliente. Cubra una bandeja para hornear con papel pergamino. Pelar las patatas y ponerlas en agua fría si es necesario.

2. Pega la papa a lo largo en una brocheta de madera. Corta todo alrededor con un cuchillo afilado en la brocheta y gira la brocheta para que se formen espirales. Sepárate un poco. Coloque en la bandeja para hornear.
3. Combine el aceite con sal, pimienta y tomillo seco y cepille las espirales de papa con él. Espiral de patatas en un asador durante unos 20 minutos para cocinar.

38. Papas para untar

Ingredientes

- 2 patatas (p. Ej., Ditta)
- 1/2 cebolla
- 1/2 diente de ajo
- 2 cucharadas de yogur descremado
- 1 cucharada de crema agria (crema agria)
- Cebollino (y / o perejil)
- sal
- Pimienta (del molino)

preparación

1. Hervir las patatas y dejar enfriar.
2. Luego pele y presione a través de la prensa de papas o tritúrelos muy finamente.

3. Pelar y picar finamente la cebolla, triturar el ajo, cortar el cebollino en rollitos.
4. Mezclar las patatas, las cebollas, el ajo con el yogur, la crema agria y el cebollino, sazonar con sal y pimienta.

39. Skordalia (pasta de patatas y ajo)

Ingredientes

- 400 g de patatas (medio hirviendo)
- 4-6 dientes de ajo (muy finamente picados)
- 125 ml de sopa de pollo
- 50 g de aceitunas (negras)
- 5 cucharadas de aceite de oliva
- 1 limón
- Sal marina (del molino)
- Pimienta (del molino)

preparación

1. Hervir las patatas peladas hasta que estén tiernas, enfriar y triturarlas con un tenedor en un bol. Agregue el ajo y la sopa de pollo y

agregue gradualmente el aceite de oliva hasta que se forme una mezcla cremosa. Condimente con jugo de limón, sal y pimienta. Ahogar, picar las aceitunas y luego incorporarlas. Sirva caliente o frío.

40. Gajos de ajo de oso alcalino

Ingredientes

- 20 g de ajo silvestre
- 100 g de yogur (0,1% de grasa)
- 400 g de patatas (crudas)
- 25 g de aceite de colza
- 1 g de pimienta
- 25 ml de agua
- 1 g de sal

preparación

1. Para gajos básicos de ajo silvestre, primero lave las papas y córtelas en gajos. Mezcle finamente el ajo silvestre con agua y aceite. Sazone el aceite de ajo silvestre con sal. Marinar las patatas en aceite y hornearlas a 180 °C durante unos 30-35 minutos (el tiempo

de cocción depende del tamaño de las grietas).

2. Mientras tanto, mezcle el yogur con la crema agria y sazone con sal y pimienta. Sirva gajos de ajo silvestre alcalino con salsa de yogur.

41. Ensalada de arenques con apio

Ingredientes

- 8 piezas de filetes de arenque
- 1 manzana
- 200 g de patatas (cocidas)
- 3 cucharadas de vinagre
- 1 cucharadita de azucar
- 4 cucharadas de mayonesa
- 250 g de crema agria
- pimienta
- sal
- 2 tallo (s) de apio

preparación

1. Deshuesar y secar los filetes de arenque. Corta los filetes en cubos pequeños.
2. Pelar y cortar en dados la manzana hervida y las patatas.

3. Corta el apio en trozos pequeños.
4. Batir la mayonesa con la crema agria, el vinagre, el azúcar, la pimienta y la sal.
5. Agregue el arenque, los trozos de manzana, las papas y el apio a la mezcla de crema agria.
6. Dejar infundir durante aproximadamente 1 hora y luego servir.

42. Cebollas claras untadas con manzana y tocino

Ingredientes

- 200g de patatas
- 80 g de tocino de hamburguesa
- 1/2 cebolla
- 1/2 manzana (agria)
- 2 cucharadas de crema agria
- 1 cucharadita de jugo de naranja
- sal
- pimienta

preparación

1. Para la cebolla clara untada con manzana y tocino, pelar y cortar las papas en dados y cocinarlas en agua con sal hasta que estén

tiernas. Cortar el tocino en cubos pequeños y freír en una sartén hasta que esté crujiente, escurrir sobre toallas de papel.

2. Cortar la cebolla en cubos pequeños y hervir brevemente en un poco de agua con sal, enjuagar en un colador y escurrir bien.

3. Cortar la manzana en cubos pequeños, pasar las patatas por una prensa de manzana o triturar con un tenedor, mezclar bien con la crema agria. Agrega el resto de los ingredientes (deja un poco de tocino para la guarnición) y mezcla bien.

4. Finalmente, sazone la pasta para untar con cebollas ligeras.

43. Ensalada de arenques con pera y nueces

Ingredientes

- 8 piezas de filetes de arenque
- 200 g de patatas (cocidas)
- 2 peras
- 250 g de crema agria
- pimienta
- sal
- 1 cebolla (pequeña, picada)
- 1 cucharadita de azucar
- 3 cucharadas de vinagre
- 4 cucharadas de mayonesa
- 30g de nueces (picadas)

preparación

1. Deshuesar y secar los filetes de arenque. Corta los filetes en cubos pequeños.
2. Pelar y cortar en dados las peras y las patatas hervidas.
3. Batir la mayonesa con la crema agria, el vinagre, el azúcar, la pimienta y la sal. Pelar y picar finamente la cebolla y agregarla a la salsa.
4. Agregue el arenque, los trozos de pera, las nueces y las papas a la mezcla de crema agria.
5. Dejar infundir durante aproximadamente 1 hora y luego servir.

44. Ensalada de arenques con melón

Ingredientes

- 8 piezas de filetes de arenque
- 200 g de patatas (cocidas)
- 1/2 pieza de melón con azúcar
- 1 cebolla (pequeña, picada)
- 1 cucharadita de azucar
- 3 cucharadas de vinagre
- 250 g de crema agria
- 4 cucharadas de mayonesa
- pimienta
- sal

preparación

1. Deshuesar y secar los filetes de arenque. Corta los filetes en cubos pequeños.
2. Pela el melón y córtalo en trozos pequeños. Pelar y cortar en dados las patatas hervidas.
3. Batir la mayonesa con la crema agria, el vinagre, el azúcar, la pimienta y la sal. Pelar y picar finamente la cebolla y agregarla a la salsa.
4. Agregue el arenque, los trozos de melón y las papas a la mezcla de crema agria.
5. Dejar infundir durante aproximadamente 1 hora y luego servir.

45. Bollos de patata

Ingredientes

- 600g de patatas
- 200 gramos de harina
- 1 huevo
- sal
- 1 pizca de nuez moscada
- Harina (para enrollar)
- Mantequilla clarificada (para pastelería)
- Mantequilla (líquido para rociar)
- 3 cucharadas de crema agria
- Suero de leche (a su elección, cuajada o yogur, así como frío)

preparación

1. Primero, hervir, escurrir y pelar las patatas.

2. Pasar por un colador y amasar con la harina, el huevo, la sal y la nuez moscada hasta formar una masa suelta.

3. Primero, forme rollos tan gruesos como una pulgada de la masa terminada y corte los rollos aprox. 2-3 cm de largo con un cuchillo humedecido.

4. Enharine bien y dore todo alrededor en mantequilla clarificada caliente hasta que esté dorado (un proceso que se hace mejor capa por capa, porque no todos los paunzen caben en una sartén).

5. Rocíe el Paunzen terminado con mantequilla derretida y sirva con suero de leche, leche agria o yogur y chucrut frío de su elección.

46. Strudel de patata con verduras

Ingredientes

- 250 g de patatas (enharinadas)
- 50 g de zanahorias
- 200 g de brócoli
- sal
- pimienta
- 100 g de queso crema (bajo en grasas)
- Hierbas frescas
- 1 pieza de hoja de strudel
- Leche para cepillar

preparación

1. Para el strudel de patatas y verduras, hervir las patatas, dejarlas enfriar, pelarlas y

trixurarlas. Limpiar las zanahorias y cortarlas en cubos.

2. Lava el brócoli y córtalo en floretes. Cocine al vapor las zanahorias y el brócoli en un poco de agua hasta que estén al dente. Mezclar el puré de patatas con el queso crema, sazonar y añadir las hierbas picadas.

3. Coloque la bandeja de strudel en una bandeja para hornear forrada con papel pergamino y extienda la mezcla de papa y queso crema encima. Enrolle el Studel y cepille con leche.

4. Hornee en horno precalentado a 170 ° C durante 30 minutos.

47. Ensalada de arenques con naranja

Ingredientes

- 8 piezas de filetes de arenque
- 200 g de patatas (cocidas)
- 2 piezas de naranja
- sal
- 1 cebolla (pequeña, picada)
- 1 cucharadita de azucar
- 3 cucharadas de vinagre
- 250 g de crema agria
- 4 cucharadas de mayonesa
- pimienta

preparación

1. Deshuesar y secar los filetes de arenque. Corta los filetes en cubos pequeños.
2. Pelar las naranjas, quitarles la piel blanca y cortar trozos finos de filete. Pelar y cortar en dados las patatas hervidas.
3. Batir la mayonesa con la crema agria, el vinagre, el azúcar, la pimienta y la sal. Pelar y picar finamente la cebolla y agregarla a la salsa.
4. Agregue el arenque, los trozos de naranja y las papas a la mezcla de crema agria.
5. Dejar infundir durante aproximadamente 1 hora y luego servir.

48. Ensalada de arenques con uvas

Ingredientes

- 8 piezas de filetes de arenque
- 200 g de patatas (cocidas)
- 300 g de uvas
- 3 cucharadas de vinagre
- 250 g de crema agria
- 4 cucharadas de mayonesa
- pimienta
- sal
- 1 cebolla (pequeña, picada)
- azúcar

preparación

1. Deshuesar y secar los filetes de arenque. Corta los filetes en cubos pequeños.
2. Corta las uvas individuales por la mitad. Pelar y cortar en dados las patatas hervidas.
3. Batir la mayonesa con la crema agria, el vinagre, el azúcar, la pimienta y la sal. Pelar y picar finamente la cebolla y agregarla a la salsa.
4. Agregue el arenque, los trozos de uva y las papas a la mezcla de crema agria.
5. Dejar infundir durante aproximadamente 1 hora y luego servir.

49. Ensalada de arenques con aguacate

Ingredientes

- 8 piezas de filetes de arenque
- 200 g de patatas (cocidas)
- 1 manzana
- 4 cucharadas de mayonesa
- 250 g de crema agria
- pimienta
- sal
- 1 cebolla (pequeña, picada)
- 1 cucharadita de azucar
- 3 cucharadas de vinagre
- 2 piezas de aguacate

preparación

1. Deshuesar y secar los filetes de arenque. Corta los filetes en cubos pequeños.

2. Pelar y cortar en dados la manzana hervida y las patatas.
3. Pela el aguacate y corta la pulpa en trozos pequeños.
4. Batir la mayonesa con la crema agria, el vinagre, el azúcar, la pimienta y la sal. Pelar y picar finamente la cebolla y agregarla a la salsa.
5. Agregue el arenque, los trozos de manzana, los trozos de aguacate y las papas a la mezcla de crema agria.
6. Dejar infundir durante aproximadamente 1 hora y luego servir.

50. patatas fritas

Ingredientes

- 500g de patatas
- sal
- pimienta
- Carvi

preparación

1. Para las patatas salteadas, precalentar el horno a 180 ° C.
2. Lavar bien las patatas, no pelarlas, cortarlas en rodajas de 1 cm de grosor.
3. Colocar en una bandeja de horno cubierta con papel de horno, sal y pimienta y, si es

necesario, espolvorear con semillas de alcaravea.

4. Freír las patatas salteadas en el horno durante unos 20 minutos.

CONCLUSIÓN

Las papas contienen menos carbohidratos, absorben más y tienen menos calorías que el arroz o la pasta. Por tanto, es el acompañamiento perfecto si quieres reducir las calorías consumidas.

Su almidón se convierte en almidón resistente después del enfriamiento, que el cuerpo no puede dividir.

Si se trata de plantas, siempre trate de no exponerse al sol antes de cosecharlas. De lo contrario, producirán solanina, un veneno natural. Si una papa se pone verde, significa que tiene un alto contenido de solanina y debes evitar comerlas.

Las patatas nuevas son las más adecuadas para cocinar. Incluso aquellos con piel ligeramente quebradiza ofrecen los mismos valores nutricionales.Además de esto, necesita saber más al respecto.y son igualmente saludables. Las batatas o batatas contienen más azúcares naturales que la versión clásica.

EL LIBRO DE COCINA DEFINITIVO PARA LA DIETA DE PATATAS

50 RECETAS DE PATATA SIMPLES Y SABROSAS PARA RESTABLECER TU METABOLISMO

FABRICIO VAQUERA

INTRODUCCIÓN

La dieta de la patata es una de las mono-dietas ricas en carbohidratos, es decir una dieta que consiste casi o exclusivamente en un determinado alimento. Existen diferentes variaciones de la dieta de la papa. Lo que todos tienen en común es el consumo principal de patatas, a menudo en combinación con huevos o requesón. Con algunas variaciones en la dieta, también se permiten verduras bajas en grasa, ensaladas o ciertas frutas. Además del alto consumo de patatas, la preparación de platos bajos en grasas es la característica más importante de la dieta de la patata.

Así es como funciona la dieta de la papa

Un kilo de patatas bajas en grasa y, según la variante, 100 gramos de requesón o tres huevos se encuentran en el plato todos los días con la dieta de la patata. La combinación de patatas con requesón o huevos le confiere un alto valor biológico. Esto significa que el cuerpo puede absorber y utilizar especialmente bien las proteínas que contiene. Esto a su vez asegura una saciedad duradera. Al mismo tiempo, el potasio contenido en la papa elimina más agua del cuerpo. De modo que pierdes rápidamente los primeros kilos, un punto ganado por la patata.

Dieta de la papa: por que la papa es saludable

Las papas parecen discretas, pero el tubérculo contiene muchos ingredientes saludables: es rico en vitaminas C y B, contiene ácido fólico, cobre, fosfato y azufre. Debido al alto contenido de potasio, las patatas tienen un efecto deshidratante.

Los carbohidratos de cadena larga en las papas se descomponen lentamente durante el proceso de digestión. Por lo tanto, los tubérculos lo mantienen lleno durante mucho tiempo y previenen los antojos. Además, las papas prácticamente no contienen grasa, pero contienen proteínas de alta calidad, que se pueden convertir con relativa facilidad en la propia proteína del cuerpo.

Las mejores formas (porque contienen la menor cantidad de calorías) para preparar papas como alimento saludable son las papas al horno, las papas con camisa y las papas que se han enfriado nuevamente. Los aderezos con requesón bajo en grasa o crema ligera, así como hierbas frescas de la huerta o vegetales crudos pequeños picados como pepino, apio o zanahorias brindan variedad y aportan vitaminas y minerales adicionales.

Si no quieres prescindir de las variaciones crujientes, espolvorea las rodajas de patata precocidas con unas gotas de aceite de oliva y luego ásalas en el horno hasta que estén doradas. Las papas fritas y las papas salteadas se han eliminado sin reemplazo, al igual que las albóndigas de papa o las papas gratinadas al horno con queso. El puré de papas solo se permite durante una dieta si se mezcla con caldo de verduras en lugar de mantequilla y leche y si contiene poca o ninguna sal.

RECETAS DE ENSALADA DE PATATAS

1. Ensalada de papa con arenque y manzana

Ingredientes

- 700 g de patatas cerosas
- sal
- 2 manzanas boskop zb
- 2 cucharadas de jugo de limón
- Tarro 150g de pepinillos mostaza
- 1 manojo de cebolletas
- 400 g de filete de arenque marinado en aceite
- 5 cucharadas de mayonesa
- 2 cucharadas de yogur natural
- 2 cucharadas de crema agria
- pimienta recién molida
- azúcar

Pasos de preparación

1. Lave las patatas y cocínelas en agua hirviendo con sal durante unos 25 minutos. Escurrir, dejar evaporar y pelar. Deje enfriar completamente.
2. Lavar las manzanas, cortarlas en cuartos, quitarles el corazón, cortarlas en trozos pequeños y mezclar con 1 cucharada de jugo de limón. Escurre bien los pepinillos de mostaza y córtalos en trozos pequeños.
3. Lavar las cebolletas, escurrirlas y cortarlas en rollitos. Escurrir bien los filetes de pescado y cortarlos también en trozos pequeños.
4. Mezcle la mayonesa con el yogur, la crema agria y el jugo de limón restante y sazone con S&P y una pizca de azúcar. Corta las patatas en trozos pequeños y mézclalas con el pescado, las manzanas, el pepino y el aderezo. Disponer en platos y servir espolvoreado con cebollino.

2. Salchichas con ensalada de patatas

Ingredientes

- 1 kg de patatas cerosas
- 1 cebolla grande
- ½ traste de rábanos
- 2 cucharadas de rollitos de cebollino
- 4 cucharadas de vinagre de vino blanco
- 6 cucharadas de sopa de carne
- 1 cucharadita de mostaza
- sal
- pimienta recién molida
- 6 cucharadas de aceite de girasol
- 4 pares de salchichas ahumadas
- rollo de cebollino para decorar

Pasos de preparación

1. Lave las patatas, cocine con la piel durante aprox. 30 minutos, pelarlos, dejarlos enfriar un poco y cortarlos en rodajas. Pelar las cebollas y cortarlas en trozos finos. Limpiar y lavar los rábanos y cortarlos en palitos de 3 mm de ancho.

2. Para el aderezo, mezcla el vinagre con el caldo. Agregue la mostaza, la sal y la pimienta. Agrega el aceite. Mezclar suavemente las cebollas, los rábanos y las rodajas de papa con la salsa y dejar reposar la ensalada durante unos 15 minutos, decorar con cebollino.

3. Recalentar las salchichas en agua caliente (no hervir) y servir.

3. Ensalada de papa colorida

Ingredientes

- 600 g de patatas cerosas
- 2 cebollas rojas
- 3 cucharadas de vinagre de sidra de manzana
- sal yodada con fluoruro
- pimienta
- $\frac{1}{2}$ cucharadita de mejorana seca
- 150 ml de caldo de verduras
- 1 cucharada de mostaza
- 1 cucharada de sirope de manzana
- 2 cucharadas de aceite de oliva
- 1 pepino
- 2 zanahorias
- 1 manzana roja
- 10 g de perejil (0,5 manojo)

Pasos de preparación

1. Cocine las patatas en agua hirviendo durante 20 a 30 minutos. Luego escurrir, remojar, pelar en caliente y dejar enfriar. Mientras las patatas están hirviendo, pelar y picar finamente las cebollas. Llevar a ebullición los cubos de cebolla con el vinagre, la sal, la pimienta, la mejorana y el caldo. Agregue la mostaza, el almíbar y el aceite.

2. Corta las patatas en rodajas. Vierta el aderezo sobre las papas y deje reposar durante 30 minutos, revolviendo suavemente con más frecuencia.

3. Mientras tanto, limpia y lava el pepino, córtalo por la mitad a lo largo, raspa las semillas con una cucharadita y corta el pepino en rodajas finas. Limpiar, lavar, pelar y rallar las zanahorias. Limpiar, lavar, cortar por la mitad y sembrar la manzana y cortarla en trozos pequeños.

4. Mezclar el pepino, la zanahoria y la manzana con las patatas, sazonar con sal y pimienta y dejar reposar la ensalada 10 minutos más.

5. Lavar el perejil, escurrirlo, arrancar las hojas, picarlo finamente y mezclarlo con la ensalada de patatas.

4. Ensalada de pollo y papas

Ingredientes

- 20 g de pasas
- 350 g de filete de pollo (2 filetes de pollo)
- sal
- pimienta
- 1 cucharada de aceite de oliva
- 25 g de piñones
- 30 g de aceitunas negras marinadas en seco, sin hueso
- 250 g de patatas cerosas
- 3 cucharadas de pesto light
- 3 tallos de albahaca
- 75 g de queso de oveja suave

Pasos de preparación

1. Remojar las pasas en un recipiente pequeño cubierto con agua tibia durante 10 minutos.
2. Lave las pechugas de pollo, séquelas y sazone con sal y pimienta.
3. Calentar el aceite en una sartén y dorar la carne durante 3 minutos por cada lado. Agrega agua hasta cubrir el fondo de la olla y cocina la carne tapada por otros 4 minutos a fuego medio. Si es necesario, agregue un poco de agua.
4. Deje enfriar el pollo y corte la carne en cubos de 1 cm.
5. Tostar ligeramente los piñones en una sartén sin grasa. Picar las aceitunas en trozos grandes.
6. Exprime las pasas, córtalas en trozos grandes y mézclalas con los ingredientes preparados en un bol.
7. Lavar, pelar y cortar las patatas en cubos de 1,5 cm, añadirlas a agua hirviendo con sal y cocinar durante 9 minutos.
8. Retire 2 cucharadas de agua de papa y mezcle con el pesto.
9. Escurrir las patatas, escurrir bien y mezclar con el resto de ingredientes con el pesto, sal y pimienta y dejar reposar durante 10 minutos.

10. Lavar la albahaca, agitarla, arrancar las hojas y picarla en trozos grandes. Desmenuza el queso de oveja. Espolvoree ambos sobre la ensalada justo antes de servir.

5. Ensalada de patatas bávaras

Ingredientes

- 1 kg de patatas cerosas
- 1 cebolla
- 50 g de pepino en escabeche (1 pepino en escabeche)
- 300 ml de caldo (preferiblemente caldo de carne)
- 4 cucharadas de vinagre de vino blanco
- 2 cucharaditas de mostaza mediana picante
- sal
- pimienta
- 4 cucharadas de aceite de colza
- 8 70 g de salchicha de pavo (5% de grasa)
- 1 manojo de cebolletas

- 80 g de lechuga de cordero

Pasos de preparación

1. Lavar las patatas y cocerlas con la piel en agua hirviendo durante 20 a 30 minutos, según su tamaño, no demasiado blandas.
2. Mientras tanto, pela y corta la cebolla. Secar el pepinillo y cortarlo en dados también.
3. Escurre las patatas, enjuaga bien con agua fría y deja enfriar unos 5 minutos. Luego pelar, cortar en rodajas finas y colocar en un tazón grande.
4. Hierva el caldo y los cubos de cebolla en una cacerola pequeña. Retire la estufa. Batir 3 cucharadas de vinagre, mostaza, sal, pimienta y aceite con un batidor.
5. Vierta la mezcla sobre las patatas mientras aún esté caliente. Agregue el pepino en escabeche, mezcle todo bien y deje reposar durante al menos 30 minutos.
6. Justo antes de servir, caliente el agua en una cacerola grande, pero no deje que hierva. Deje que las salchichas se calienten durante unos 10 minutos a fuego lento.
7. Mientras tanto, lave las cebolletas, sacúdalas para que se sequen y córtelas en rollos. Limpiar y lavar la lechuga de cordero, escurrirla y arrancarla un poco más pequeña si se desea.

8. Agregue la lechuga de cordero y el cebollino a la ensalada de papas. Condimente nuevamente con sal, pimienta y el resto del vinagre. Saca las salchichas de la olla y sírvelas con la ensalada de patatas.

6. Ensalada de patatas y huevo

Ingredientes

- 700 g de patatas cerosas
- sal
- 4 huevos
- apio 2 polos
- 1 cebolla
- 2 manzanas boskop zb
- 2 cucharadas de jugo de limón
- 300 g de yogur natural
- 200 g de mayonesa
- 1 cucharada de mostaza de Dijon
- pimienta recién molida

Pasos de preparación

1. Cocine las patatas en agua hirviendo con sal durante unos 25 minutos. Escurrir, evaporar y pelar mientras aún esté caliente. Hervir los

huevos en agua durante 10 minutos, escurrirlos, enjuagarlos con agua fría y pelarlos.

2. Lavar y limpiar el apio, cortarlo por la mitad a lo largo y cortar en rodajas finas. Pelar la cebolla y picarla finamente. Lavar las manzanas, cortarlas en cuartos, quitarles el corazón y cortarlas en trozos pequeños. Mezclar inmediatamente con jugo de limón.

3. Mezclar el yogur con la mayonesa y la mostaza y sazonar con sal y pimienta. Cortar las patatas en cubos grandes, picar los huevos y mezclar con las patatas, el apio, las manzanas, las cebollas y la crema de ensalada, volver a condimentar al gusto y servir en un plato.

7. Ensalada de patata y jamón

Ingredientes

- 1 kg de patatas cerosas
- 4 cucharadas de aceitunas
- sal de mar
- pimienta recién molida
- 2 cucharadas de jugo de limón
- 150 g de queso feta
- 100 g de jamón de Parma, en lonchas finas

para el grupo

- 2 ramitas de tomillo
- 2 limones sin tratar

Pasos de preparación

1. Precalentar el horno a 200 ° C de aire soplado. Lave bien las papas, córtelas en mitades o cuartos y colóquelas en una bandeja para hornear forrada con papel pergamino.

2. Rocíe con aceite, sal y pimienta, mezcle y hornee durante unos 30 minutos hasta que se doren. De vez en cuando para girar. Sacar del horno y dejar enfriar tibio.

3. Rocíe con jugo de limón y sazone con sal y pimienta. Mezcle sin apretar con el queso feta desmenuzado y el jamón y decore con tomillo y mitades de limón (en vasos si lo desea).

8. Ensalada de papa y rábano

Ingredientes
- 800 g de patatas cerosas
- 1 cebolla morada
- 1 puñado de rúcula
- 1 manojo de rábanos
- $\frac{1}{2}$ traste de hierbas (eneldo, perejil o cebollino)

- 200 ml de caldo de verduras
- 3 cucharadas de vinagre de sidra de manzana
- 3 cucharadas de aceite de oliva
- sal
- pimienta

Pasos de preparación

1. Cocine las patatas en agua hirviendo durante 20 a 30 minutos. Luego escurrir, remojar, pelar en caliente y dejar enfriar.
2. Mientras tanto, pelar la cebolla morada y picar finamente. Lava la rúcula y agítala para que se seque. Limpiar y lavar los rábanos y cortarlos en rodajas finas. Lavar las hierbas, agitarlas y picarlas. Llevar a ebullición el caldo de verduras.
3. Corta las patatas en rodajas. En un tazón grande, combine con el caldo de verduras caliente, la cebolla, el vinagre, el aceite de oliva, la sal y la pimienta. Luego déjelo reposar durante al menos 30 minutos.
4. Revuelva los rábanos preparados, la rúcula y las hierbas en la ensalada de papas antes de servir y sazone con S&P.

9. Ensalada de papa verde

Ingredientes

- 300 g de patatas cerosas (3 patatas cerosas)
- sal
- 1 cebolla morada
- 2 cucharadas de vinagre de manzana
- 150 ml de caldo de verduras clásico
- 2 cucharadas de aceite de colza
- pimienta
- 80 g de lechuga de cordero
- 1 manojo de cebolletas
- 1 manzana
- 70 g de jamón de salmón

Pasos de preparación

1. Lavar las patatas y cocinarlas en agua hirviendo durante 20-25 minutos. Luego

escurrir, enjuagar con agua fría, pelar y dejar enfriar.

2. Cortar las patatas enfriadas en rodajas, sazonar con sal y poner en un bol. Pelar la cebolla y picarla finamente.

3. Pon a hervir los dados de cebolla con el vinagre y el caldo en una cacerola pequeña, vierte las patatas hirviendo.

4. Agrega el aceite y mezcla todo junto. Deje reposar durante 30 minutos, revolviendo más a menudo.

5. Mientras tanto, limpia la lechuga de cordero, dejando intactas las raíces para que las hojas se mantengan juntas. Lave la lechuga y escúrrala con cuidado. Lavar las cebolletas, agitarlas para que se sequen y cortarlas en rollos finos.

6. Lavar, cortar en cuartos y sembrar la manzana y cortarla en cuartos finos.

7. Corta el jamón de salmón en tiras finas.

8. Sazone la ensalada de papa con S&P. Agregue lechuga de cordero, rollitos de cebollino, tiras de jamón y rodajas de manzana a la ensalada y mezcle.

10. Ensalada de papa con pepino

Ingredientes

- 800 g de patatas cerosas
- sal
- ½ pepino
- 2 cebollas pequeñas
- 125 ml de sopa de carne
- 1 cucharadita de mostaza picante
- 4 cucharadas de vinagre de vino blanco
- pimienta recién molida
- 1 manojo de cebolletas
- 5 cucharadas de aceite de oliva

Pasos de preparación

1. Lave las patatas y cocínelas en agua hirviendo con sal durante unos 25 minutos.
2. Mientras tanto, lave el pepino, córtelo por la mitad a lo largo, córtelo en rodajas finas y

espolvoree con sal. Déjelo reposar durante unos 20 minutos y escúrralo.

3. Pelar las cebollas, cortarlas en cubos finos y llevar a ebullición con el caldo en una cacerola. Agrega la mostaza y el vinagre, sazona con sal y pimienta y retira del fuego.

4. Escurrimos las patatas, dejamos evaporar, pelamos y dejamos enfriar. Luego cortar en rodajas, verter caldo caliente sobre ellas, mezclar bien y dejar reposar unos 20 minutos.

5. Enjuague las cebolletas, agítelas para que se sequen y córtelas en rollos finos. Mezcle con el pepino y el aceite en la ensalada, sazone nuevamente al gusto y sirva en un plato.

11. Sartén de patatas fritas y espárragos

Ingredientes

- 800 g de patatas pequeñas, en su mayoría cerosas
- sal yodada con fluoruro
- 400 g de espárragos verdes
- 4 chalotes
- 15 g de mantequilla clarificada (1 cucharada)
- 3 ramitas de perejil
- pimienta

Pasos de preparación

1. Lavar las patatas y cocinarlas en agua con sal durante 15 minutos.

2. Mientras tanto, lavar los espárragos, pelar el tercio inferior, cortar las puntas leñosas. Cuece los espárragos en agua hirviendo con sal durante unos 8 minutos. Escurrir, escurrir y luego cortar diagonalmente en trozos.
3. Escurrimos las patatas, las dejamos evaporar y las cortamos por la mitad a lo largo.
4. Pelar las chalotas y cortarlas en cuartos.
5. Calentar la mantequilla clarificada en una sartén alta. Dore las papas a fuego medio, dándoles la vuelta regularmente hasta que estén doradas durante 10 minutos.
6. Mientras tanto, lavar el perejil, agitarlo y picarlo.
7. Mezclar las chalotas con las patatas y cocinar durante 4 minutos. Incorpora los espárragos y sofríe durante 2 minutos, volteándolos con más frecuencia.
8. Sazone la sartén de patatas y espárragos salteados con S&P y perejil.

12. Sartén de pescado y patatas con tocino

Ingredientes

- 500 g de patatas cerosas
- sal
- 500 g de filete de pescado blanco zb bacalao
- 1 cebolla
- 120 g de panceta de cerdo ahumada en cubos
- 20 g de mantequilla de pimienta recién molida
- 2 cucharadas de perejil recién picado

Pasos de preparación

1. Lave las patatas y cocínelas en agua hirviendo con sal durante unos 20 minutos. Escurrir, enjuagar con agua fría, pelar y dejar enfriar. Lave el pescado, séquelo y córtelo en trozos pequeños.

2. Pelar la cebolla y cortarla en cubos finos. Deje el tocino en una sartén, agregue un poco de mantequilla y rehogue la cebolla hasta que esté transparente. Cortar las patatas en rodajas, añadirlas y freírlas hasta que estén doradas, volteándolas de vez en cuando. Agrega los trozos de pescado y fríelos hasta que estén dorados, dándoles la vuelta con cuidado. Sazone con sal y pimienta y sirva espolvoreado con perejil recién picado.

13. Papas salteadas con ajo

Ingredientes

- 1 kg de patatas cerosas
- 150 ml de caldo de verduras
- sal
- pimienta recién molida
- 2 ramitas de romero
- 6 dientes de ajo
- 4 cucharadas de aceite de oliva

Pasos de preparación

1. Precalienta el horno a horno ventilador a 180 ° C.
2. Pelar las patatas y cortarlas en mitades o cuartos según el tamaño. Coloque en una fuente para horno y vierta el caldo. Sazone

con sal y pimienta y hornee por unos 20 minutos. De vez en cuando para girar. Las patatas deben estar casi cocidas y el líquido debe absorberse. Espolvorear el romero pelado y los dientes de ajo prensados por encima y devolver el aceite de oliva rociado con un chorrito en el horno a 220 ° C y dorar durante 15-20 minutos. Durante este tiempo, vaya y venga de vez en cuando.

14. Tortilla de calabacín con patatas

Ingredientes

- 175 g de patatas (2 patatas)
- 250 g de calabacín (1 calabacín)
- 1 diente de ajo
- 2 cebollas
- 45 g de jamón serrano (3 lonchas)
- 2 cucharadas de aceite de oliva
- sal
- pimienta
- 4 huevos

Pasos de preparación

1. Lavar las patatas, cocinarlas con la piel durante unos 15-20 minutos, luego pelarlas y cortarlas en cubos de 1 cm. Mientras las

patatas están hirviendo, lave y limpie los calabacines y córtelos en cubos de 1 cm. Pelar y picar finamente el ajo y la cebolla.

2. Corta el jamón en tiras finas.

3. Calienta el aceite en una sartén antiadherente y sofríe las cebollas y el ajo a fuego medio durante 1 minuto hasta que estén transparentes. Agregue los cubos de papa y calabacín y saltee por 4 minutos hasta que estén dorados, sazone con sal y pimienta.

4. Batir los huevos en un bol y sazonar ligeramente con sal y pimienta. Verter en la sartén, espolvorear con tiras de jamón y dejar reposar 3 minutos a fuego medio, revolviendo suavemente.

5. Dale la vuelta a la tortilla: Lo mejor es darle la vuelta en un plato y devolverla a la sartén. Deje reposar otros 4 minutos. Sirve la tortilla cortada en trozos.

15. Sartén de patatas verdes

Ingredientes

- 500 g de patatas nuevas
- 1 pimiento verde
- 3 dientes de ajo frescos
- 1 manojo de cebolletas
- 75 g de aceitunas verdes (con hueso)
- 3 tallos de albahaca
- 2 cucharadas de aceite de oliva
- sal
- pimienta
- 50 g de queso de oveja
- 1 cucharadita de ajonjolí sin pelar

Pasos de preparación

1. Frotar las patatas y cocerlas en agua hirviendo durante 20-25 minutos, escurrir y dejar enfriar. Mientras las papas están hirviendo, corta en cuartos, quita semillas y lava el pimiento y colócalo en una bandeja para hornear con la piel hacia arriba.
2. Asar bajo la parrilla caliente hasta que la piel se oscurezca y burbujee, verter en un bol, tapar con un plato y dejar reposar 10 minutos.
3. Retire la piel y corte la vaina en tiras finas.
4. Pelar el ajo y cortarlo en rodajas finas.
5. Limpiar y lavar las cebolletas y cortarlas en rodajas finas y ligeramente inclinadas.
6. Cortar las aceitunas en rodajas desde el centro y luego en palitos finos.
7. Lavar la albahaca, escurrirla, arrancar las hojas y picarla finamente.
8. Corta las patatas por la mitad.
9. Calentar el aceite en una sartén y freír las patatas por la superficie cortada hasta que estén doradas.
10. Agrega el ajo y el pimentón y sofríe por 2 minutos más. Condimentar con sal y pimienta.
11. Agrega las cebolletas, las aceitunas y la albahaca y calienta brevemente.
12. Desmenuza el queso. Espolvorea las semillas de sésamo sobre las papas justo antes de servir. Sirve el plato de patatas.

16. Guiso de cordero y patatas

Ingredientes

- 500 g de cordero (paleta o pierna)
- 500g de patatas
- 300g de tomates
- 4 cucharadas de aceite de oliva
- 2 cucharadas de perejil (picado)
- 1 ramita de romero (picado)
- 1 cucharadita de orégano
- 1 cebolla
- 1 diente de ajo
- Sal marina (del molino)
- Pimienta (del molino)
- 50 g de pecorino (recién rallado)

preparación

1. Divida el cordero en trozos medianos. Cortar las patatas en cubos grandes, la cebolla en aros y el diente de ajo en tiras finas. Coloca el cordero con las patatas en una fuente para horno.

2. Hervir brevemente los tomates, pelarlos y cortarlos en trozos pequeños. Mezcle con aceite de oliva, perejil picado, romero, orégano, cebolla y ajo. Sazone con sal y pimienta y mezcle con la carne. Espolvoree con queso pecorino recién rallado y cubra la sartén con papel de aluminio. Hornee en un horno precalentado a 170 ° C durante aproximadamente 2 horas.

17. Cazuela de patatas con tocino de la vaporera

Ingredientes

- 100 g de tocino de desayuno
- 1 pieza de cebolla
- 2 dientes de ajo
- 500g de patatas
- 1 PC. Pimentón (rojo)
- 1 PC. Pimentón (verde)
- 1 ramita de romero
- 6 piezas de huevos
- sal
- pimienta
- Mantequilla (para engrasar)

preparación

1. Para la cazuela de patatas, corta el tocino en tiritas. Pelar la cebolla, cortarla por la mitad y también cortarla en tiritas. Pelar el ajo y cortarlo en rodajas finas. Dorar el tocino en una sartén antiadherente con la cebolla hasta que esté crujiente y al final agregar brevemente el ajo. Deja la sartén a un lado.

2. Pelar las patatas, cortarlas en rodajas de $\frac{1}{2}$ cm de grosor, colocarlas en el recipiente de cocción engrasado y sin perforar con la cebolla de tocino incluida la grasa de freír y pre-cocinar (a 100 ° C durante 5 minutos).

3. Mientras tanto, limpiar y sembrar los pimientos y cortarlos en tiras finas.

4. Retirar las agujas de romero y picarlas finamente, batir con los huevos, sal y pimienta y añadir a la mezcla de patatas con las tiras de pimentón. Cierre el recipiente de cocción con una tapa o papel de aluminio. Deje reposar la cazuela (a 100 ° C durante 25 minutos).

5. Sirve la cazuela con patatas frías o calientes cortadas en trozos.

18. sopa de crema de calabaza

Ingredientes

- 600 g de calabaza
- 2 patatas
- 1 diente (s) de ajo (triturado)
- 1/2 cebolla
- 1 litro de agua
- Cubos de sopa
- sal
- pimienta
- Jengibre
- 125 ml de nata montada
- 1 cucharada de crema agria
- Semillas de calabaza (y aceite de semilla de calabaza para decorar)

preparación

1. Pelar la calabaza, quitarle el corazón y cortar la pulpa de la calabaza en cubos.
2. Pelar la patata y cortarla también en cubos. Pelar y picar la cebolla. Agrega el ajo prensado.
3. Ponga todo en un recipiente resistente y llénelo con 1 litro de agua.
4. Sazone con condimentos, sal, pimienta, jengibre o jengibre en polvo y cocine.
5. Ajuste de temperatura: 120 ° C Tiempo de cocción: 10 minutos
6. Pasado el tiempo de cocción, triturar la sopa, sazonar de nuevo si es necesario, añadir la nata montada y la crème fraîche.
7. Para decorar, agregue unas semillas de calabaza y unas gotas de aceite de semilla de calabaza a la sopa.

19. Lomo de cerdo con hierbas de calabaza

Ingredientes

- 300 g de col (cortada en cubos)
- 100 g de calabaza (cortada en cubitos)
- tomillo
- 1/2 l de sopa de ternera
- 1 pieza de patatas (crudas)
- Rábano picante
- sal
- 1 pizca de vinagre
- 1 cucharada de crema agria
- 1 PC. Lomo de cerdo
- sal
- mostaza

preparación

1. Cocine el repollo y la calabaza en la olla a vapor durante aprox. 5-10 minutos a 100 ° C. Para la salsa, corte las papas en trozos pequeños, cocínelas en la sopa de res hasta que estén tiernas y mezcle bien con el rábano picante y la crema agria. Condimente con sal y vinagre. Condimentar el lomo de cerdo con sal y mostaza y freír por ambos lados. Hornee a 160 ° durante unos 15 minutos. Deje reposar durante al menos 10 minutos antes de cortar. Colocar el repollo y la calabaza en los platos, colocar encima los trozos de filete, espolvorear con hierbas y servir con salsa keratina.

20. Sopa de papa con hierbas frescas de la vaporera

Ingredientes

- 180g de puerros
- 250 g de patatas (enharinadas)
- 500 ml de caldo de verduras
- sal
- pimienta
- 100 g de nata
- 2 cucharadas de hierbas (perejil, cebollino, albahaca)

preparación

1. Primero limpiar el puerro y cortarlo en rodajas. Pelar y picar las patatas.
2. Ponga ambos con la sopa de verduras en un recipiente de cocción resistente y cocine (a

100 ° C durante 16 minutos oa 120 ° C durante 8 minutos).

3. Mezclar la sopa y sazonar con sal y pimienta. Incorporar la nata y calentar (a 95 ° C durante 2 minutos).

4. Picar las hierbas, verter sobre la sopa de patatas y servir.

21. Sopa de patatas con hierbas

Ingredientes

- 1 manojo de hierbas (grande)
- 5-6 piezas. Patatas
- 30 g de mantequilla
- 1 cebolla (pelada)
- 1 l de sopa de pollo (o sopa de verduras)
- sal
- pimienta
- 6 cucharadas de cebollino (cortado)
- Crema doble (o crème fraîche)

preparación

1. Para la sopa de papas con hierbas, corte las papas y las cebollas en trozos pequeños y colóquelas en un recipiente de cocción resistente. Vierta la sopa de verduras y

cocine la sopa a 100 ° C durante unos 20 minutos.

2. Cortar las hierbas en trozos pequeños, añadirlas y cocinar 5 minutos más a 100 ° C.

3. Mezclar la sopa con la crème fraîche, sazonar nuevamente y reducir a un puré espumoso con la licuadora.

4. Para servir, decore la sopa de hierbas y patatas con cebollino.

22. Albóndigas

Ingredientes

Para la masa:

- 500g de patatas
- 10 g de mantequilla
- 30 g de sémola de trigo
- 120 g de harina (práctico)
- 1 pieza de huevo
- sal
- Nuez moscada

Para plenitud:

- 1 cucharada de aceite de girasol
- 100g de cebollas
- 200 g de carne picada (mixta)
- 1 cucharada de QimiQ
- sal

- Mostaza, pimienta
- Mejorana, ajo

preparación

1. Preparar la masa de patatas: pelar, cortar en cuartos y cocer las patatas al vapor. Presione las papas sobre una tabla para hornear enharinada, espolvoree con mantequilla en hojuelas y amase brevemente con los ingredientes restantes para formar una masa.
2. Preparar la guarnición: picar finamente las cebollas, asarlas en aceite, agregar la carne picada, asar brevemente, espesar con QimiQ y sazonar.
3. Entrega agua.
4. Dar forma a la masa en rollo, cortar en rodajas, esparcir el relleno encima, formar las albóndigas y sellar bien.
5. Remoje las albóndigas en agua con sal durante unos 10 a 15 minutos.
6. Saca las albóndigas con una cuchara tamizada y sírvelas.

23. Bolas de patata al vapor

Ingredientes

- 1 kg de patatas
- 1-2 huevos
- sal
- Nuez moscada
- 50 g de harina
- 50 g de fécula de patata
- Mantequilla (para engrasar)

preparación

1. Para las albóndigas de patata, lave las patatas y hornee en una bandeja de horno perforada (a 100 ° C durante 28-34 minutos).
2. Pelar las patatas aún calientes y pasarlas directamente por la prensa de patatas.

3. Agrega los huevos a la pasta de papa y sazona con sal y nuez moscada. Agregue la harina y la fécula de patata.
4. Forme la masa en un rollo y divídala en 12-14 piezas. Formar bolas con los trozos y hornear en la bandeja de horno engrasada y perforada (a 100 ° C durante 15-18 minutos).

24. Ensalada de papa con aceite de pepitas de calabaza

Ingredientes

- 600 g de patatas (Sieglinde o Kipfler, cocidas y peladas)
- 60 g de cebollas (finamente picadas)
- 1/4 l de sopa (grasa)
- 3 cucharadas de vinagre de sidra de manzana
- 6 cucharadas de aceite de semilla de calabaza
- sal
- Pimienta negra)
- Un poco de mostaza de estragón (al gusto)

preparación

1. Para la ensalada de patatas, pelar las patatas cocidas en aceite de pepita de calabaza

mientras aún están calientes y cortarlas en rodajas finas.

2. Vierta inmediatamente la sopa caliente, agregue el aceite de semilla de calabaza, la cebolla, el vinagre, la sal y la pimienta.

3. Revuelva vigorosamente la ensalada de papa con el aceite de semilla de calabaza hasta que esté cremosa. Agrega mostaza o azúcar al gusto.

25. Comida para bebés: gachas de calabaza, patatas y cordero.

Ingredientes

- 60 g de calabaza (por ejemplo, Hokkaido, nuez moscada)
- 1 pieza de papa
- 20 g de cordero
- Aceite de colza (unas gotas)

preparación

1. Comida casera para bebés - primer alimento complementario
2. Para la papilla de calabaza, patata y cordero, recortar el cordero (quitar grasa y tendones).
3. Pelar la calabaza y la patata y cortarlas en cubos.

4. Cocina todos los ingredientes en un poco de agua a fuego lento hasta que estén tiernos y triturados con la batidora.

5. Por último, añada unas gotas de aceite de colza a la papilla de calabaza, patata y cordero.

26. Sopa de patatas

Ingredientes

- 500g de patatas
- 3 zanahorias
- 500 ml de sopa de verduras
- 250 ml de nata montada
- sal
- pimienta
- hoja de laurel
- Mejorana
- Hongos para hombres (también pueden ser hongos secos)
- 1/2 cebolla
- 1 diente (s) de ajo

preparación

1. Corta las patatas en trozos pequeños. Poner los trozos de patata con la sopa, las especias

y los champiñones en un bol no perforado y cocinar al vapor durante unos 30 minutos a 100 ° C.

2. Mientras tanto, lava las zanahorias y córtalas en trozos pequeños.
3. Durante los 7 minutos restantes del tiempo de cocción de la papa, coloque también las zanahorias en la vaporera.
4. Retire la hoja de laurel y mezcle finamente la sopa de papa en una licuadora.
5. Si lo desea, agregue crema batida y sazone al gusto nuevamente.

27. Rollitos de camote

Ingredientes

- 250 g de patatas (enharinadas)
- 250 g de harina de trigo (suave)

- 250 g de harina integral
- 1 paquete de levadura seca
- 80 g de azúcar
- 1 pieza de huevo
- 80 g de yogur (bajo en grasas)
- 1/8 l de leche desnatada (tibia o agua)

preparación

1. Cocine al vapor las patatas con piel durante unos 20 minutos. Pelar mientras está caliente y presionar en una prensa de patatas. Deje enfriar un poco.
2. Mezclar la harina, la levadura en polvo, el azúcar, el huevo y el yogur. Vierta un poco de líquido. Al principio solo unos 100 ml y el resto solo cuando sea necesario. Amasar vigorosamente la masa con el robot de cocina durante unos 5 minutos.
3. Si es necesario, agregue un poco más de líquido para que la masa tenga una consistencia suave. Cubra y deje que la masa suba en un lugar cálido durante aprox. 45 - 30 minutos.
4. Luego forma 15 rollos y colócalos en una fuente de horno perforada, engrasada (o forrada con papel pergamino).

28. Sopa de mousse de ajo silvestre

Ingredientes

- 200 g de ajo silvestre (cortado)
- 1-2 patatas (enharinadas)
- 1 pieza de cebolla (pequeña)
- un poco de puerro
- 750 ml de sopa de verduras
- 200 ml de leche desnatada (o leche de soja)
- 1 cucharada de crema agria
- sal
- pimienta
- Nuez moscada

preparación

1. Para la sopa de ajo silvestre, pelar las patatas y cortarlas en cubos pequeños. Cortar la

cebolla y el puerro y añadirlos a las patatas. Ponga todos los ingredientes en un bol sin perforar, agregue la sopa de verduras y cocine al vapor a 100 ° C durante 12-15 minutos.

2. Poner los ajetes (guardar unas hojas para decorar) en un bol de cocción perforado y escaldar de 1 a 2 minutos a 100 ° C y mezclar con la sopa dos minutos antes del final de la cocción, así como la leche.

3. Al final de la cocción, sazone la sopa con sal, pimienta y nuez moscada, refine con crema fresca y haga puré en una licuadora.

4. Adorne la sopa de ajo con ajo silvestre finamente picado.

29. Empanadas de carne molida al vapor

Ingredientes

- 500 g de ternera picada
- 2 huevos
- 1 cebolla (pequeña)
- 2 dientes de ajo
- 1 manojo de hierbas (frescas, por ejemplo, perejil, tomillo, mejorana, etc.)
- 50 g de pan rallado
- sal
- pimienta
- 600g de patatas
- 100 ml de agua (caliente)
- 2 cucharadas de mostaza de Dijon
- Hierbas (frescas, dos puñados)

preparación

1. Para las hamburguesas de ternera al vapor, pelar la cebolla y el ajo y picarlos muy finamente. Lavar y picar finamente las hierbas.
2. Mezclar la carne picada con los huevos, la cebolla, el ajo, las hierbas y el pan rallado, amasar bien y sazonar con sal y pimienta. Forme hamburguesas o bolitas picadas.
3. Pelar las patatas y cortarlas en cubos. Mezclar la mostaza con agua caliente, agregar las hierbas y sazonar con sal.
4. Coloque los cubos de papa en un recipiente resistente y mezcle con la marinada de mostaza. Coloque las hamburguesas picadas sobre las patatas y cocine todo al vapor a 100 ° durante 25 minutos.
5. Revuelva bien las empanadas de carne molida al vapor antes de servir.

30. Sopa de espárragos verdes y limón de la vaporera

Ingredientes

- 350 g de espárragos verdes
- 200 g de patatas (enharinadas)
- 1 1/2 cucharada de sopa en cubos
- 1/2 limón (jugo y ralladura)
- 650 ml de agua
- 125 ml de nata
- Salsa inglesa
- sal
- pimienta
- Flores de cebollino (para decorar)

preparación

1. Para la sopa de espárragos-limón, lave los espárragos, córtelos en trozos y reserve las puntas.

2. Pelar y cortar las patatas.

3. Coloque los espárragos, las patatas, el agua, el condimento para sopa, el zumo de limón y la ralladura en una vaporera sin perforar y cocine al vapor a 100 ° C durante 12 minutos. Cocine las puntas de los espárragos en un inserto perforado durante los últimos 3 minutos.

4. Mezcle la sopa, agregue la crema y sazone con la salsa Worcesthire, sal y pimienta.

5. Coloque las puntas de los espárragos en la sopa de espárragos y limón terminada y sirva con flores de cebollino.

31. Sopa de papa con salchicha

Ingredientes

- 1 paquete de sopa verde Tk
- 800g de patatas
- 1 cebolla
- 30 g de mantequilla
- 750 ml de sopa de ternera ((instantánea))
- 125 ml de nata montada
- sal
- pimienta
- Pimentón (dulce noble)
- 4 salchichas
- 1 manojo de perejil

preparación

4. Descongele las verduras de la sopa. Pelar y enjuagar las patatas, cortarlas en cubos. Pelar

y picar la cebolla, dorarla en la mantequilla hasta que esté transparente. Agrega las papas y dora brevemente. Vierta la sopa clara, cocine todo junto durante 12-15 minutos.

5. Retire 1/3 de las papas, muela el resto en la sartén. Vuelva a colocar los trozos de papa restantes con las verduras descongeladas y la crema batida en la olla. Sopa 6-8 min.

6. Condimente con pimientos, sal y pimienta. Saltear las salchichas en agua caliente, retirarlas y escurrirlas. Cortar en rodajas pequeñas. En forma de sopa de patatas. Enjuague el perejil, agítelo para que se seque, píquelo finamente y espolvoréelo antes de servir.

32. sopa de crema de calabaza

Ingredientes

- 1 calabaza (Hokaido)
- 2 cebollas
- 2 dientes de ajo
- 5 patatas
- 1 l de sopa de verduras
- 250 ml de crema agria (o 200 ml de crema batida)
- Aceite de semilla de calabaza
- sal

preparación

5. Para la crema de calabaza, pica finamente la cebolla y el ajo. Corta la calabaza y la patata en trozos pequeños.

6. Calentar el aceite en una cacerola grande y rehogar ligeramente los trozos de cebolla y el ajo. Vierta sobre la sopa y deje hervir. Agregue la calabaza y los trozos de papa y cocine a fuego lento durante 20 minutos.

7. Haga puré la sopa después de los 20 minutos. Agregue bien la crema agria o la crema batida y sazone con sal.

8. Colocar en un plato hondo y decorar la crema de calabaza con aceite de pepitas de calabaza.

33. Sopa de papa con brochetas de tofu

Ingredientes

- 750 g de patatas
- 3 piezas. Cebollas
- 2 cucharadas de aceite de oliva
- 1 l de sopa de verduras
- 2 calabacines (pequeños)
- 200g de tofu
- 1 cucharada de ajonjolí
- sal
- 250 ml de soja (crema de cocción)
- 1 cucharada de mostaza
- Mejorana
- pimienta

preparación

6. Para la sopa de papa con brocheta de tofu, pelar y picar las papas y las cebollas. Calentar 1 cucharada de aceite en una cacerola y sofreír brevemente la cebolla.

7. Agregue las papas, desglasar con la sopa. Llevar a ebullición y cocinar durante 15 minutos. Corta el calabacín y el tofu en rodajas y pégalos alternativamente en brochetas de madera.

8. Fríe las brochetas en aceite caliente hasta que estén doradas dándoles la vuelta. Espolvoree con semillas de sésamo y sazone con sal y pimienta.

9. Hacer puré la sopa, mezclar la nata de cocción y la mostaza y agregar a la sopa, llevar a ebullición nuevamente. Condimentar con sal y pimienta.

10. Sirve sopa de papa con brochetas de tofu.

34. Sopa de patata alcalina

Ingredientes

- 500 ml de agua
- 1 cubo de sopa de verduras
- 1 pizca de acerola en polvo
- 8 patatas (medianas)
- 100 g de zanahorias (finamente ralladas)
- 1 puerro (puerro, palo)
- 1 kg de cebolla (finamente picada)
- 2 cucharadas de nata
- 1 cucharada de eneldo (fresco, finamente picado)
- 1 cucharada de mantequilla
- sal de mar
- 1 pizca de pimienta
- 1 pizca de pimentón molido

preparación

6. Para la sopa alcalina de papa, sofría la cebolla en la mantequilla hasta que esté transparente. Vierta agua sobre él.
7. Añadir las patatas y las verduras finamente picadas y poner todo a hervir.
8. Cocine a fuego lento durante 15 minutos y luego reduzca a un puré. Refina con crema y sazona con especias.
9. Espolvorea la parte superior con eneldo finamente picado.
10. Agregue el polvo de acerola justo antes de Servieren en la sopa básica de papa.

35. Sopa de patatas y col

Ingredientes

- 500g de patatas
- 3 cebollas
- 750 g de col blanca (en rodajas)
- 1 litro de sopa
- 500 g de tocino (magro)
- 3 cucharadas de semillas de alcaravea
- 1 cucharada de harina
- 1 cucharada de mantequilla
- 3 cucharadas de crema agria
- 1 cucharada de sal
- pimienta

preparación

3. Para la sopa de repollo y papa, saltee el repollo blanco rallado, las papas peladas y el tocino magro en cubos en la sopa hasta que estén tiernos. Sazone al gusto con sal, semillas de alcaravea y pimienta.

4. Antes de servir, dorar las cebollas finamente picadas en un poco de mantequilla, espolvorear con harina, mezclar con un poco de crema agria y agregar a la sopa de repollo y papa.

36. Ensalada cremosa de papa y manzana

Ingredientes

- 500 g de patatas (cocidas y peladas)
- 2 manzanas
- 2 zanahorias
- 2 ramitas de cebolletas (grandes)
- 1 manojo de menta (pequeño)
- 2 cucharadas de pasas
- 2 cucharadas de palitos de almendra
- 1 naranja
- 250 g de yogur (natural)
- 1 cucharada de curry en polvo
- 2 dientes de ajo (pelados)
- sal

- pimienta
- aceite de oliva

preparación

1. Cortar las patatas cocidas y peladas en rodajas finas. Cortar las manzanas en cuartos y quitar las semillas y cortarlas también en rodajas muy finas. Coloque las manzanas y las patatas en un bol grande y sazone con un poco de sal.

2. Pelar las zanahorias y rallarlas finamente. Limpiar las cebolletas y cortarlas diagonalmente en aros muy finos. Agregue las zanahorias y las cebolletas al tazón.

3. Corta la menta en tiras finas y agrégala a las patatas junto con las pasas y los palitos de almendra.

4. Pelar la naranja con un cuchillo, cortar los filetes y recoger el jugo. Mezclar con el yogur, el curry en polvo, el ajo finamente picado, la sal, la pimienta y un poco de aceite de oliva en un adobo y verter sobre la ensalada.

5. Mezclar todo bien y dejar reposar durante unos 10 minutos.

6. Sazone la ensalada con sal y sirva cubierta con filetes de naranja.

37. Sopa de manzana y apio con chip de apio

Ingredientes

Para la sopa:

- 500 g de apio
- 1 manzana
- 1 papa
- 100 ml de zumo de manzana
- 100 ml de nata montada
- 500 ml de sopa de verduras (o agua)
- 1 cucharada de verduras (granuladas)
- sal

Para las patatas fritas:

- 100 g de apio

- 250 ml de aceite de oliva

preparación

1. Para la sopa de manzana y apio con patatas fritas de apio, primero precaliente la vaporera o la vaporera combinada a 100 ° C.
2. Pelar el apio, la manzana y la patata y cortarlos en cubos grandes. Coloque en un recipiente de cocción no perforado y cocine al vapor a 100 ° C durante 5 minutos.
3. Ahora agregue los cubitos de manzana, el jugo de manzana, la crema batida y el caldo de verduras, el caldo de verduras granulado y la sal: cocine al vapor durante otros 10 minutos. Luego, reduzca finamente la sopa con una licuadora de mano (o batidora de pie) y sazone nuevamente.
4. Para las patatas fritas de apio, corte el apio en rodajas finas y fríalas en grasa caliente para hacer patatas fritas, escúrralas brevemente sobre toallas de papel y sírvalas con la sopa.
5. Sirve la sopa de manzana y apio con un chip de apio.

38. Aros de pasta choux de patata

Ingredientes

Para el puré de papas:

- 300g de patatas
- Nuez moscada
- 2 cucharadas de leche
- 1 cucharadita de sal
- pimienta

Para la masa choux:

- 100 ml de agua
- 100 ml de leche
- 80 g de mantequilla
- 100 g de harina
- 3 huevos (talla M)
- sal
- pimienta

- 1 yema de huevo
- 2 cucharadas de leche

preparación

1. Para las papas redondas de pasta choux, pelar las patatas, hervirlas y dejarlas enfriar.

2. Mientras tanto, hierva el agua y la leche. Agrega la mantequilla y deja que se derrita. Cuando la mantequilla se derrita, agregue la harina de una vez y revuelva vigorosamente con una cuchara de madera.

3. Al principio se vuelve un poco desmenuzable, pero después de 3-4 minutos se forma una bola de masa. Coloque esta bola en un tazón y doble los huevos, uno a la vez. Revuelva por otros 5 minutos, hasta que todo esté cremoso. Luego agregue sal y pimienta.

4. Triturar patatas frías (gruesas o muy finas, según tu gusto). Frote un poco de nuez moscada y agregue 2 cucharadas de leche, revuelva y sazone con sal y pimienta.

5. Precalentar el horno a horno ventilador a 190 ° C. Ahora mezcla suavemente el puré y la masa choux con la espátula. Colocar en una manga pastelera con boquilla grande y rociar anillos pequeños de unos 8 cm de diámetro en una bandeja para hornear forrada con papel de hornear.

6. Mezclar la yema de huevo y 2 cucharadas de leche y cepillar los anillos. Hornee en la rejilla del medio durante 30 minutos hasta que estén doradas.

39. Pera y patatas con judías verdes

Ingredientes

- 2 peras
- 250g de judías verdes
- 600 g de patatas (nuevas)
- 170 ml de aceite
- 1 anís estrellado
- 20 g de piñones (tostados)
- 40 hojas de albahaca
- 1 manojo de perejil (dulce)
- 30 g de azúcar
- 1 diente de ajo
- 250 ml de vino blanco
- 1 hebra de azafrán
- sal
- pimienta

preparación

1. Para la pera y las patatas con judías verdes, hierva el vino, el azúcar, el anís estrellado y el azafrán. Pelar las peras, cortarlas en seis y deshuesarlas. Remojar en el caldo de especias durante 10 minutos a temperatura media y luego dejar enfriar.

2. Pica las hierbas en trozos grandes. Picar los piñones y el ajo en trozos grandes, triturar con 150 ml de aceite y sal en un recipiente alto con una batidora de mano. Agrega las hierbas y mezcla bien. Cubra y coloque en un lugar fresco.

3. Lave las judías verdes, quíteles los tallos y cocínelas en agua hirviendo con sal durante 8-10 minutos. Dejar enfriar y escurrir. Cepille las papas, córtelas por la mitad si es necesario y cocine (o al vapor) en agua hirviendo con sal durante 20 minutos, escurra y deje que el vapor salga.

4. Calentar el resto del aceite en una sartén. Sofreír los frijoles y las patatas durante 5 minutos, sazonar con sal y pimienta. Filtrar y agregar las peras.

5. Cubrir la pera y las patatas con las judías verdes con el pesto y servir.

40. Sopa de camote, mango y chile

Ingredientes

- 2 peras
- 250g de judías verdes
- 600 g de patatas (nuevas)
- 170 ml de aceite
- 1 anís estrellado
- 20 g de piñones (tostados)
- 40 hojas de albahaca
- 1 manojo de perejil (dulce)
- 30 g de azúcar
- 1 diente de ajo
- 250 ml de vino blanco
- 1 hebra de azafrán
- sal
- pimienta

preparación

1. Para la pera y las patatas con judías verdes, hierva el vino, el azúcar, el anís estrellado y el azafrán. Pelar las peras, cortarlas en seis y deshuesarlas. Remojar en el caldo de especias durante 10 minutos a temperatura media y luego dejar enfriar.
2. Pica las hierbas en trozos grandes. Picar los piñones y el ajo en trozos grandes, triturar con 150 ml de aceite y sal en un recipiente alto con una batidora de mano. Agrega las hierbas y mezcla bien. Cubra y coloque en un lugar fresco.
3. Lave las judías verdes, quíteles los tallos y cocínelas en agua hirviendo con sal durante 8-10 minutos. Dejar enfriar y escurrir. Cepille las papas, córtelas por la mitad si es necesario y cocine (o al vapor) en agua hirviendo con sal durante 20 minutos, escurra y deje que el vapor salga.
4. Calentar el resto del aceite en una sartén. Sofreír los frijoles y las patatas durante 5 minutos, sazonar con sal y pimienta. Filtrar y agregar las peras.
5. Cubrir la pera y las patatas con las judías verdes con el pesto y servir.

41. Ensalada de arenques con naranja

Ingredientes

- 8 piezas de filetes de arenque
- 200 g de patatas (cocidas)
- 2 piezas de naranja
- sal
- 1 cebolla (pequeña, picada)
- 1 cucharadita de azucar
- 3 cucharadas de vinagre
- 250 g de crema agria
- 4 cucharadas de mayonesa
- pimienta

preparación

6. Deshuesar y secar los filetes de arenque. Corta los filetes en cubos pequeños.
7. Pelar las naranjas, quitarles la piel blanca y cortar trozos finos de filete. Pelar y cortar en dados las patatas hervidas.
8. Batir la mayonesa con la crema agria, el vinagre, el azúcar, la pimienta y la sal. Pelar y picar finamente la cebolla y agregarla a la salsa.
9. Agregue el arenque, los trozos de naranja y las papas a la mezcla de crema agria.
10. Dejar infundir durante aproximadamente 1 hora y luego servir.

42. Ensalada de arenques con uvas

Ingredientes

- 8 piezas de filetes de arenque
- 200 g de patatas (cocidas)
- 300 g de uvas
- 3 cucharadas de vinagre
- 250 g de crema agria
- 4 cucharadas de mayonesa
- pimienta
- sal
- 1 cebolla (pequeña, picada)
- azúcar

preparación

6. Deshuesar y secar los filetes de arenque. Corta los filetes en cubos pequeños.
7. Corta las uvas individuales por la mitad. Pelar y cortar en dados las patatas hervidas.
8. Batir la mayonesa con la crema agria, el vinagre, el azúcar, la pimienta y la sal. Pelar y picar finamente la cebolla y agregarla a la salsa.
9. Agregue el arenque, los trozos de uva y las papas a la mezcla de crema agria.
10. Dejar infundir durante aproximadamente 1 hora y luego servir.

43. Ensalada de arenques con aguacate

Ingredientes

- 8 piezas de filetes de arenque
- 200 g de patatas (cocidas)
- 1 manzana
- 4 cucharadas de mayonesa
- 250 g de crema agria
- pimienta
- sal
- 1 cebolla (pequeña, picada)
- 1 cucharadita de azucar
- 3 cucharadas de vinagre
- 2 piezas de aguacate

preparación

7. Deshuesar y secar los filetes de arenque. Corta los filetes en cubos pequeños.

8. Pelar y cortar en dados la manzana hervida y las patatas.
9. Pela el aguacate y corta la pulpa en trozos pequeños.
10. Batir la mayonesa con la crema agria, el vinagre, el azúcar, la pimienta y la sal. Pelar y picar finamente la cebolla y agregarla a la salsa.
11. Agregue el arenque, los trozos de manzana, los trozos de aguacate y las papas a la mezcla de crema agria.
12. Dejar infundir durante aproximadamente 1 hora y luego servir.

44. Muslo de ganso asado con ravioles de col lombarda y ciruela

Ingredientes

- 4 patas de ganso (350 g cada una)
- 150 g de tubérculos (zanahoria, cebolla, puerro, apio)
- 3 Artemisa
- 250 ml de caldo de pollo
- 520 g de bolas de patata mixtas (producto terminado)
- 8 ciruelas pasas
- 4 cucharaditas de polvo
- 400 g de col lombarda (vaso)
- 1 cucharada de arándanos
- 100 ml de zumo de grosella
- 1 manzana
- 1 cucharada de aceite de oliva
- sal

- pimienta

preparación

1. Mezclar las patas de ganso en una sartén para horno, perforar ambos lados con palos de madera para que se escurra la grasa, sal un poco. Retire los muslos, vierta la grasa. Tocar brevemente los tubérculos en la sartén *, añadir la artemisa, colocar los muslos encima, verter el caldo de pollo marrón y cocinar en una sartén a unos 180 ° C durante 60 minutos.

2. Forme bolas de masa con la mezcla de papa, presione en una abertura, llene las ciruelas secas con Powidl, presione en la abertura, cúbralas bien y sumérjalas en agua ligera con sal con gas hasta que floten encima. Calentar la col lombarda, refinarla con las arándanos rojos y el jugo de grosella.

3. Limpiar la manzana, cortar la casa, cortarla en cuartos y asar brevemente en grasa de oca caliente por ambos lados. Vacíe la salsa, viértala en un plato plano a modo de espejo, coloque la pierna encima, alinee los cuartos de manzana, sirva la col lombarda y las albóndigas a un lado, decore con una ramita de artemisa.

45. Bolas de albaricoque del Tirol del Sur

Ingredientes

- 1000g de patatas
- 80 g de mantequilla
- 50g de sémola
- 1 huevo
- 2 yemas
- 250g de harina
- 1500 g de albaricoques o ciruelas
- Cubos de azúcar)
- sal
- Servir:
- 180 g de mantequilla
- 150 g de pan rallado
- Canela en polvo)

preparación

1. Cocine las patatas con la piel hasta que estén tiernas y retírelas de la piel aún caliente.

2. Exprime la prensa de patatas y deja enfriar un poco. Luego mezcle la mezcla de papa con la mantequilla, sémola, sal, huevo y yemas.

3. Tamizar la harina en la cantidad y preparar el conjunto en una pasta homogénea (eventualmente añadir un poco de harina). Descanse unos minutos.

4. Enharinar la superficie, extender la masa en medio centímetro de grosor y cortar cuadrados de 7x7cm. Reemplazar el corazón de los albaricoques con un trozo de azúcar y cubrir con los cuadrados de masa.

5. Hacer las albóndigas en agua hirviendo con sal a muy baja temperatura durante unos 10 minutos. Derretir la mantequilla y tostar el pan rallado, revolviendo constantemente. Escurrir las albóndigas cocidas, darles la vuelta en el pan rallado y espolvorear con azúcar y canela en polvo.

46 Crema de naranja sanguina y sopa de zanahoria

Ingredientes

- 1 cebolla
- 2 dientes de ajo
- 4 zanahorias (grandes)
- 3-4 patatas (pequeñas)
- 1000 ml de sopa de verduras
- 1 cucharada de crema agria
- 1 cucharadita de jengibre molido
- pimienta
- sal
- 1 naranja sanguina (exprimida)

preparación

1. Para la sopa de naranja sanguina con crema de zanahorias, primero picar la cebolla y el ajo, pelar y cortar en dados las zanahorias y las patatas.
2. Cocer la cebolla y el ajo en un poco de aceite, incorporar el jengibre en polvo y desglasar con el jugo de naranja sanguina. Vierta la sopa, agregue los trozos de zanahoria y papa y cocine a fuego lento hasta que esté cocido.
3. Sopa de zanahoria de naranja sanguina con un puré de batidora de mano, sazone con crema agria, sal y pimienta y sirva.

47. Ensalada de mayonesa con patatas de colores

Ingredientes

- 1 taza (s) de papas
- 1 taza (s) de jamón (cortado en cubitos)
- 1 taza (s) de huevos (duros y picados)
- 1 taza (s) de encurtidos
- 1 taza (s) de manzanas
- 1 taza (s) de cebolla
- 1 taza (s) de majo
- sal
- pimienta

preparación

1. Para la colorida ensalada de papas y mayonesa, cocine las papas hasta que estén tiernas,

pélelas y córtelas en cubos. Hervir y picar los huevos duros. Pelar la manzana, quitarle el corazón y cortarla en dados. Corta el pepinillo en cubos pequeños. Pelar las cebollas y cortarlas en trozos finos. Corta el jamón en cubos o tiras.

2. Combine todos los ingredientes, sazone con sal y pimienta y agregue la mayonesa. Dejar infundir en el frigorífico durante al menos 1 hora.

3. ¡Sirve la colorida ensalada de papas y mayonesa a temperatura ambiente!

48. Fideos de patata

Ingredientes

- 750 g de patatas (enharinadas)
- 130 g de harina
- 1 huevo
- 1 pizca de sal
- petróleo
- Nuez moscada
- Bizcochos (migas)
- Azúcar moreno)
- salsa de manzana

preparación

1. Para los fideos de patata, no hierva las patatas que estén demasiado blandas en la piel, pélelas y páselas por una prensa de

manzana o un colador; Mezclar con los huevos, la harina, la sal y una pizca de nuez moscada para formar una pasta. Darles forma de fideos espesos y freírlos en aceite caliente en una sartén.

2. Dar la vuelta a las migas de bizcocho tostado y dulce y servir los fideos de patata con puré de manzana.

49. Tarta de manzana con guarnición de patatas

Ingredientes

Pasta flora :

- 240g de harina
- 160 g de mantequilla
- 80 g de azúcar glas
- 1 huevo
- 1 pizca de sal

Moldura:

- 80 g de mantequilla
- 100 g de azúcar
- 4 huevos
- 1 limón (rallado)
- 60 g de almendras peladas y molidas
- 100 g de patatas (cocidas, del día anterior)

También:

- 1000 g de manzanas (Boskop)
- 30 g de azúcar
- 1 limón (jugo)

preparación

1. Prueba esta deliciosa receta de pastel:
2. Masa quebrada: Amasar la mantequilla, el azúcar y el huevo y finalmente añadir la harina tamizada y amasar hasta que se forme una masa desmenuzable. Luego envuelva en film transparente y gruesa
3. Descansar en el frigorífico durante 20 minutos. Unte con mantequilla un molde desmontable de 26 cm de diámetro y extiéndalo con la masa.
4. Quite la piel y las semillas de las manzanas y córtelas en 6 a 8 cuartos según el tamaño. Marine con azúcar y jugo de limón.
5. Relleno: Separar los huevos y batir la mitad del azúcar con la mantequilla, la yema de huevo y la ralladura de limón. Agregue los granos de almendra molidos. Retirar las patatas cocidas del día anterior de la piel y rallarlas o presionarlas y mezclarlas en cantidad. Por último, batir la clara de huevo

con el azúcar restante e incorporarla a la mezcla de patatas.

6. Pasa las manzanas en escabeche a través del glaseado con un tenedor y colócalas uniformemente en la sartén. Distribuya el resto del glaseado uniformemente sobre las manzanas y luego hornee a 200 ° C a fuego superior e inferior durante unos 45 minutos.

50. Patatas con puré de manzana

Ingredientes

- 750 g de patatas
- 1 litro de agua
- 125 g de tocino (mixto)
- 3 cebollas
- Vinagre (al gusto)
- 500 g de puré de manzana (en el vaso)
- 1 cucharadita de azucar
- sal

preparación

1. Para las patatas con puré de manzana, pela las patatas. Llevar a ebullición en una cacerola con agua con sal y cocinar durante 20 minutos. Escurrir y presionar en la olla aún caliente a través de una prensa. Vierta la compota de

manzana y revuelva la mezcla hasta que esté espesa y cremosa, caliente y agregue el azúcar.

2. Pica finamente las cebollas peladas y el tocino. Ase ambos en una sartén hasta que estén dorados y agréguelos a las papas junto con la compota de manzana. Patatas en puré de manzana al gusto con vinagre y sal.

51. Bálsamo de patata para el alma

- Tiempo de cocción de 15 a 30 min.
- Porciones: 4

Ingredientes

- 2 aguacates (muy maduros)
- 4 cucharadas de Aceto Balsamico Bianco

- 3 cucharadas de helado aceto balsámico
- 2 dientes de ajo
- sal
- Puré de patatas:
- 4 patatas (grandes, harinosas)
- un poco de leche
- 1 pieza de mantequilla
- La sal
- aceite de oliva

preparación

3. Para el puré de papas, hierva las papas con la piel hasta que estén tiernas, pélelas y tritúrelas con una batidora de mano. Agrega la leche caliente, la mantequilla y la sal. Pelar los aguacates, cortarlos por la mitad, cortarlos a lo largo en rodajas finas y distribuirlos en platos.
4. Exprime el ajo y espárcelo sobre el aguacate. Marine con vinagre y sal. Agregue una cucharada grande de puré de papas y rocíe con aceite de oliva.

52. sopa de crema de calabaza

Ingredientes

- 1 calabaza (Hokaido)
- 2 cebollas
- 2 dientes de ajo
- 5 patatas
- 1 l de sopa de verduras
- 250 ml de crema agria (o 200 ml de crema batida)
- Aceite de semilla de calabaza
- sal

preparación

1. Para la crema de calabaza, pica finamente la cebolla y el ajo. Corta la calabaza y la patata en trozos pequeños.
2. Calentar el aceite en una cacerola grande y rehogar ligeramente los trozos de cebolla y el ajo. Vierta sobre la sopa y deje hervir. Agregue la calabaza y los trozos de papa y cocine a fuego lento durante 20 minutos.
3. Haga puré la sopa después de los 20 minutos. Agregue bien la crema agria o la crema batida y sazone con sal.
4. Colocar en un plato hondo y decorar la crema de calabaza con aceite de pepitas de calabaza.

CONCLUSIÓN

El manojo de patatas se llena y se escurre. Esto trae una desventaja a corto plazo en la escala, pero a largo plazo, el efecto yo-yo amenaza. Tampoco se recomienda el uso prolongado de la mono dieta, ya que puede provocar una deficiencia de nutrientes.

Consejo: mezcle papas con requesón o huevos con verduras, lechuga, hierbas, grasas vegetales, nueces y semillas. Esta es la versión más saludable de la dieta de la papa y aún le ayuda a perder peso.